POCKETBOOK DELUXE SERIES
by William Bay

1 2 3 4 5 6 7 8 9 0

© 2005 BY MEL BAY PUBLICATIONS, INC., PACIFIC, MO 63069.
ALL RIGHTS RESERVED. INTERNATIONAL COPYRIGHT SECURED. B.M.I.
MADE AND PRINTED IN U.S.A.

No part of this publication may be reproduced in whole or in part, or stored in a retrieval system, or transmitted in any form or by any means, electronic, mechanical, photocopy, recording, or otherwise, without written permission of the publisher.

Visit us on the Web at www.melbay.com — E-mail us at email@melbay.com

Table of Contents

How to Read Chord Diagrams 4

Major
C, G & D 5
A, E & B 6
Gb/F#, Db & Ab 7
Eb, Bb & F 8

Minor
Cm, Gm & Dm 9
Am, Em & Bm 10
Gbm/F#m, Dbm & Abm 11
Ebm, Bbm & Fm 12

Seventh
C7, G7 & D7 13
A7, E7 & B7 14
Gb7/F#7, Db7 & Ab7 15
Eb7, Bb7 & F7 16

Major Seventh
Cmaj7, Gmaj7 & Dmaj7 17
Amaj7, Emaj7 & Bmaj7 18
Gbmaj7/F#maj7, Dbmaj7 & Abmaj7 19
Ebmaj7, Bbmaj7 & Fmaj7 20

Major Sixth
C6, G6 & D6 21
A6, E6 & B6 22
Gb6/F#6, Db6 & Ab6 23
Eb6, Bb6 & F6 24

Minor Seventh
Cm7, Gm7 & Dm7 25
Am7, Em7 & Bm7 26
Gbm7/F#m7, Dbm7 & Abm7 27
Ebm7, Bbm7 & Fm7 28

Minor Sixth
Cm6, Gm6 & Dm6 29
Am6, Em6 & Bm6 30
Gbm6/F#m6, Dbm6 & Abm6 31
Ebm6, Bbm6 & Fm6 32

Seven Suspended Fourth
C7sus, G7sus & D7sus 33
A7sus, E7sus & B7sus 34
Gb7sus/F#7sus, Db7sus & Ab7sus 35
Eb7sus, Bb7sus & F7sus 36

Diminished #1
C°, Eb°, Gb°, A°, Db°, E°, G°, Bb°,
    D°, F°, Ab° & B° 37

Diminished #2
C°, Eb°, Gb°, A°, Db°, E°, G°, Bb°,
    D°, F°, Ab° & B° 38

Augmented
C+, E+, Ab+, Db+, F+, A+, D+,
    Gb+/F#+, Bb+, Eb+, G+ & B+ 39

Major Minor Seven
Cma-mi7, Gma-mi7 & Dma-mi7 40
Ama-mi7, Ema-mi7 & Bma-mi7 41
Gbma-mi7/F#ma-mi7, Dbma-mi7
    & Abma-mi7 42
Ebma-mi7, Bbma-mi7 & Fma-mi7 43

Seven Sharp Five
C7#5, G7#5 & D7#5 44
A7#5, E7#5 & B7#5 45
Gb7#5/F#7#5, Db7#5 & Ab7#5 46
Eb7#5, Bb7#5 & F7#5 47

Seven Flat Five
C7b5, Gb7b5 & D7b5 48
A7b5, E7b5 & B7b5 49
Gb7b5/F#7b5, Db7b5 & Ab7b5 50
Eb7b5, Bb7b5 & F7b5 51

Table of Contents

Minor Seven Flat Five
Cm7b5, Gm7b5 & Dm7b5 52
Am7b5, Em7b5 & Bm7b5 53
Gb m7b5/F#m7b5, Db m7b5 & Ab m7b5 54
Eb m7b5, Db m7b5 & Fm7b5 55

Ninth
C9, G9 & D9 56
A9, E9 & B9 57
Gb9/F#9, Db9 & Ab9 58
Eb9, Bb9 & F9 59

Seven Flat Nine
C7b9, G7b9 & D7b9 60
A7b9, E7b9 & B7b9 61
Gb7b9/F#7b9, Db7b9 & Ab7b9 62
Eb7b9, Bb7b9 & F7b9 63

Seven Sharp Nine
C7#9, G7#9, D7#9 & A7#9 64
E7#9, B7#9, Gb7#9/F#7#9 & Db7#9 65
A7#9, Eb7#9, Bb7#9 & F7#9 66

Six Nine
C69, G69, D69 & A69 67
E69, B69, Gb69/F#69 & Db69 68
Ab69, Eb69, Bb69 & F69 69

Major Ninth
Cma9, Gma9, Dma9 & Ama9 70
Ema9, Bma9, Gbma9/F#ma9
  & Aaug11 71
Abma9, Ebma9, Dbma9 & Fma9 72

Minor Ninth
Cm9, Gm9, Dm9 & Am9 73
Em9, Bm9, Gbm9/F#m9 & Dbm9 74
Abm9, Ebm9, Bbm9 & Fm9 75

Nine Flat Five
C9b5, G9b5, D9b5 & A9b5 76
E9b5, B9b5, Gb9b5/F#9b5 & Db9b5 77
Ab9b5, Eb9b5, Bb9b5 & F9b5 78

Nine Sharp Five
C9#5, G9#5, D9#5 & A9#5 79
E9#5, B9#5, Gb9#5/F#9#5 & Db9#5 80
Ab9#5, Eb9#5, Bb9#5 & F9#5 81

Eleventh
C11, G11, D11 & A11 82
Eb11, B11, Gb11/F#11 & Db11 83
Ab11, Eb11, Bb11 & F11 84

Augmented Eleventh
Caug11, Gaug11, Daug11
  & Aaug11 85
Eaug11, Baug11, Gbaug11/F#aug11
  & Dbaug11 86
Abaug11, Ebaug11, Bbaug11
  & Faug11 87

Thirteenth
C13, G13, D13 & A13 88
E13, B13, Gb13/F#13 & Db13 89
Ab13, Eb13, Bb13 & F13 90

Thirteen Flat Nine
C13b9, G13b9, D13b9 & A13b9 91
E13b9, B13b9, Gb13b9/F#13b9
  & Db13b9 92
Ab13b9, Eb13b9, Bb13b9 & F13b9 93

Major 13
Cma13, Gma13, Dma13 & Ama13 94
Ema13, Bma13, Gbma13/F#ma13
  & Dbma13 95
Abma13, Ebma13, Bbma13 & Fma13 ..96

How to Read Chord Diagrams

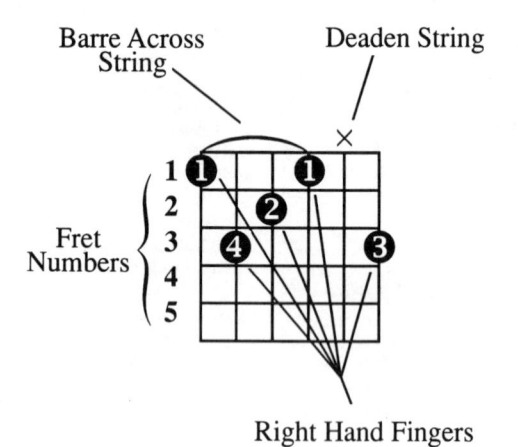

Barre Across String

Deaden String

Fret Numbers

Right Hand Fingers

Major

C

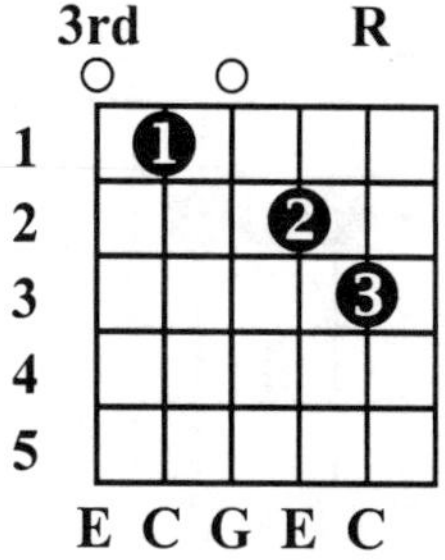

3rd — R

	1	2	3	4
1	❶			
2		❷		
3			❸	
4				
5				

E C G E C

G

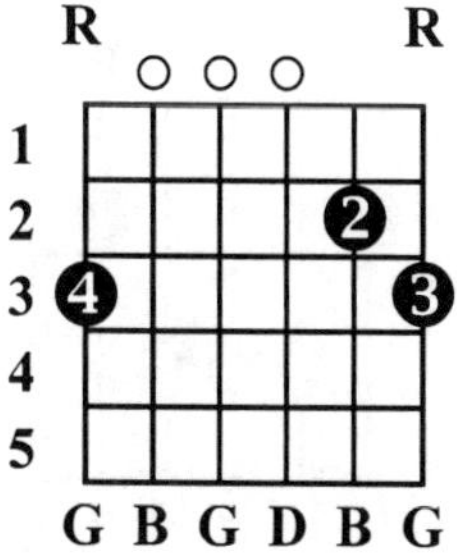

R — R

	1	2	3	4
1				
2			❷	
3	❹			❸
4				
5				

G B G D B G

D

3rd — R

	1	2	3	4
1				
2	❶		❷	
3		❸		
4				
5				

F# D A D

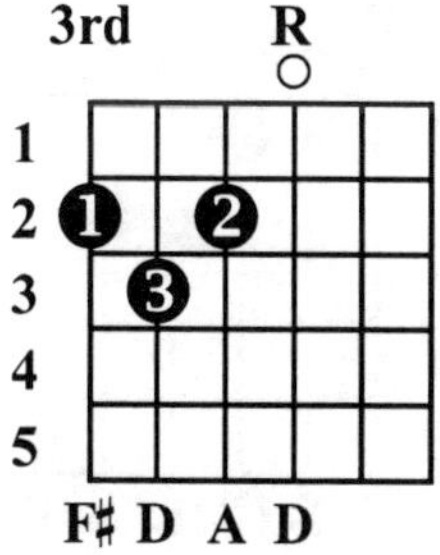

Major

A

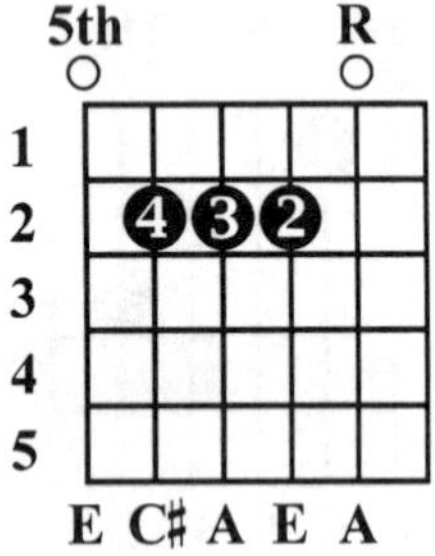

5th○			R○	

Fret 2: ④③②

E C# A E A

E

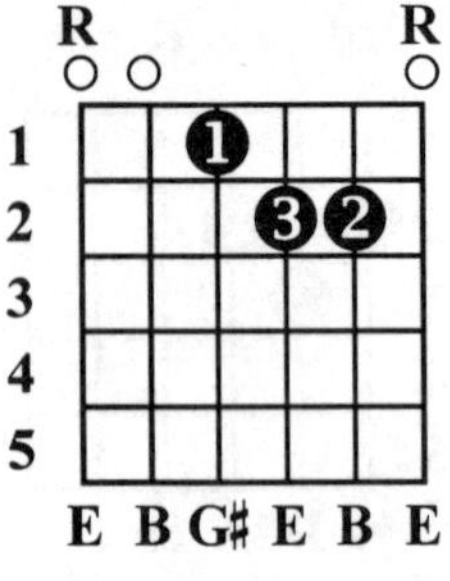

R○ ○ R○

Fret 1: ①
Fret 2: ③②

E B G# E B E

B

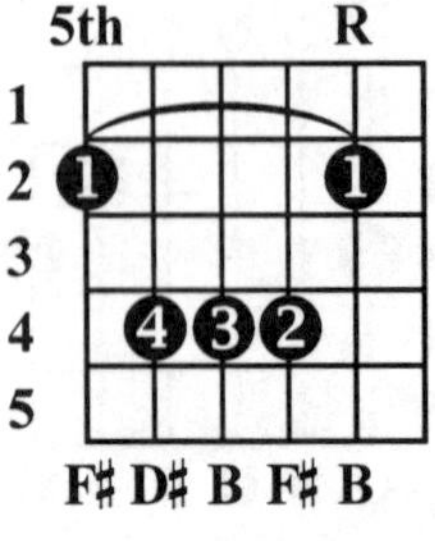

5th, R

Fret 2 (barre): ① ... ①
Fret 4: ④③②

F# D# B F# B

Major

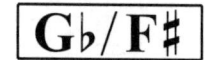

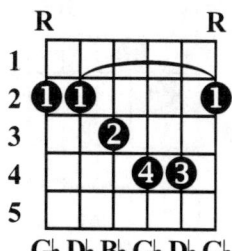

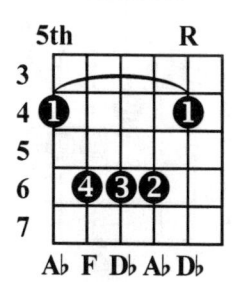

Gb/F#

R — R
1
2 ① ①   ①
3   ②
4   ④ ③
5

Gb Db Bb Gb Db Gb

Db

5th — R
3
4 ①   ①
5
6   ④ ③ ②
7

Ab F Db Ab Db

Ab

R — R
3
4 ① ①   ①
5   ②
6   ④ ③
7

Ab Eb C Ab Eb Ab

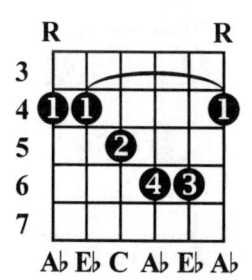

Major

E♭

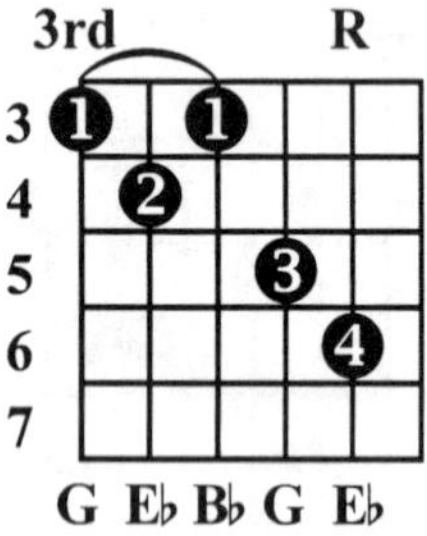

```
        3rd         R
3    ①    ①
4       ②
5              ③
6                 ④
7
     G  E♭  B♭  G  E♭
```

B♭

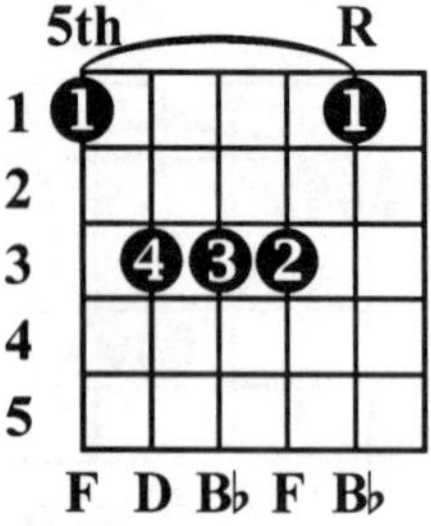

```
     5th          R
1   ①          ①
2
3       ④  ③  ②
4
5
     F  D  B♭  F  B♭
```

F

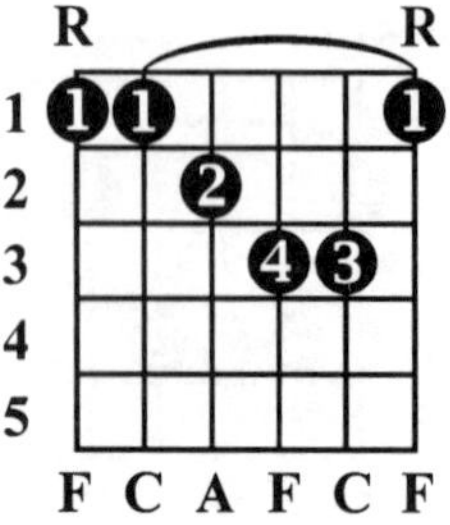

```
     R            R
1   ①  ①        ①
2       ②
3              ④  ③
4
5
     F  C  A  F  C  F
```

Minor

Cm

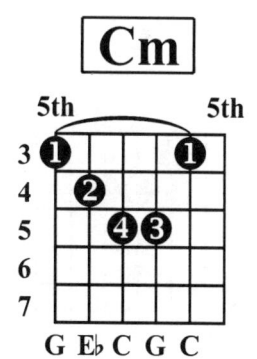

5th — 5th
G E♭ C G C

Gm

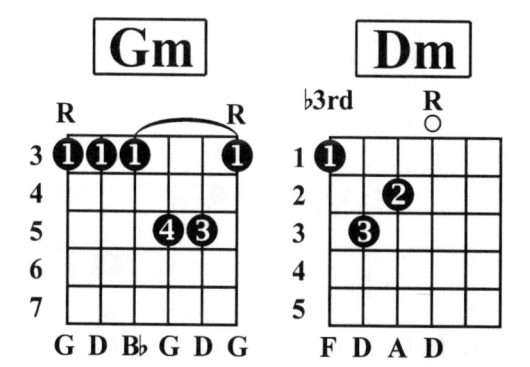

R — R
G D B♭ G D G

Dm

♭3rd — R
F D A D

Minor

Am

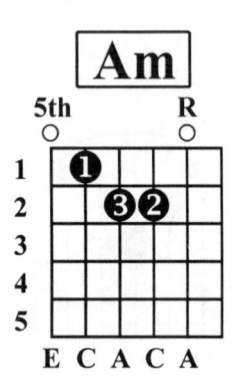

5th — R

| 1 | ① |
| 2 | ③ ② |

E C A C A

Em

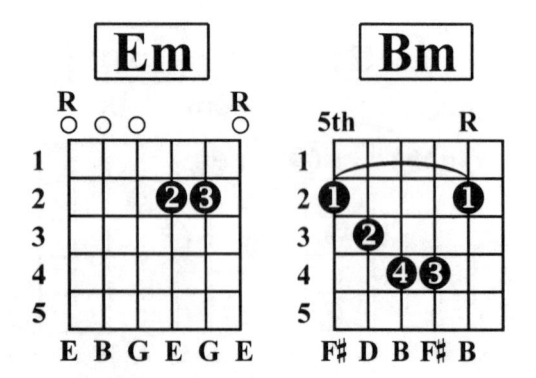

R — R

| 2 | ② ③ |

E B G E G E

Bm

5th — R

2	① — ①
3	②
4	④ ③

F# D B F# B

Minor

Gbm / F#m

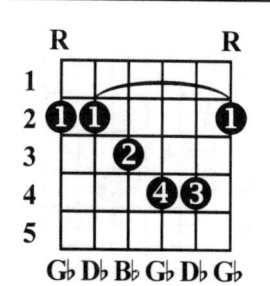

R — R

Frets 1–5

Gb Db Bb Gb Db Gb

Dbm

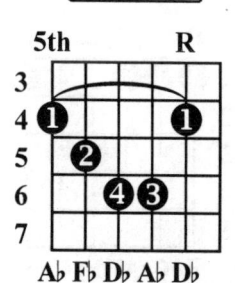

5th — R

Frets 3–7

Ab Fb Db Ab Db

Abm

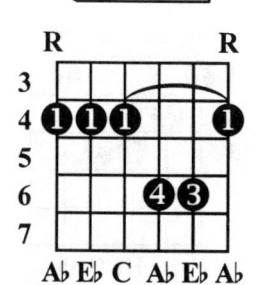

R — R

Frets 3–7

Ab Eb C Ab Eb Ab

11

Minor

E♭m

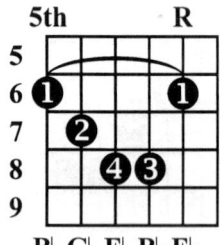

```
      5th         R
5  ┌──┬───┬───┬───┬──┐
6  │❶ │   │   │   │❶ │
7  │  │❷ │   │   │   │
8  │  │   │❹ │❸ │   │
9  └──┴───┴───┴───┴──┘
   B♭ G♭ E♭ B♭ E♭
```

B♭m

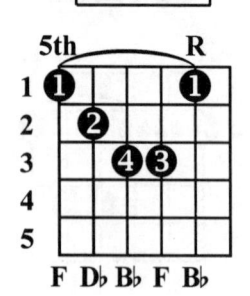

```
      5th         R
1  ┌──┬───┬───┬───┬──┐
   │❶ │   │   │   │❶ │
2  │  │❷ │   │   │   │
3  │  │   │❹ │❸ │   │
4  │  │   │   │   │   │
5  └──┴───┴───┴───┴──┘
   F D♭ B♭ F B♭
```

Fm

```
   R            R
1  ┌❶─┬❶─┬❶─┬❶─┬❶─┐
2  │  │   │   │   │   │
3  │  │   │❹ │❸ │   │
4  │  │   │   │   │   │
5  └──┴───┴───┴───┴──┘
   F C A♭ F C F
```

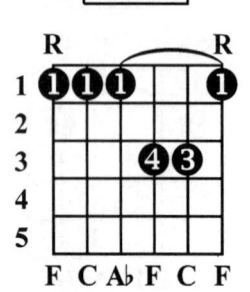

Seventh

C7

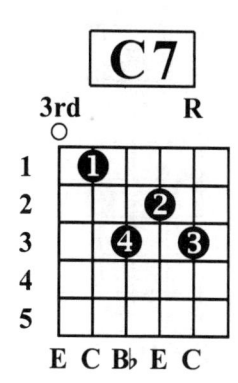

3rd — R

E C B♭ E C

G7

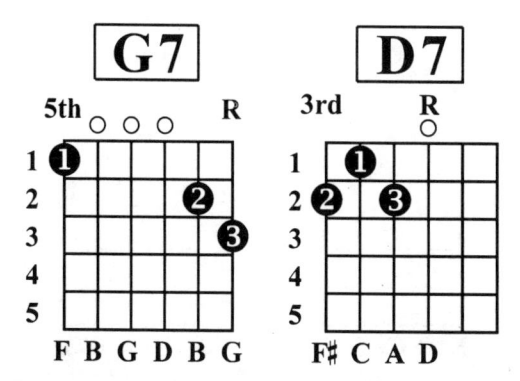

5th — R

F B G D B G

D7

3rd — R

F# C A D

Seventh

A7

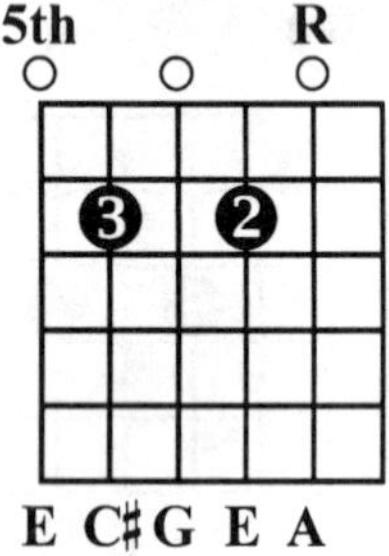

5th — R

Frets: 3 (3rd string), 2 (2nd string)

E C# G E A

E7

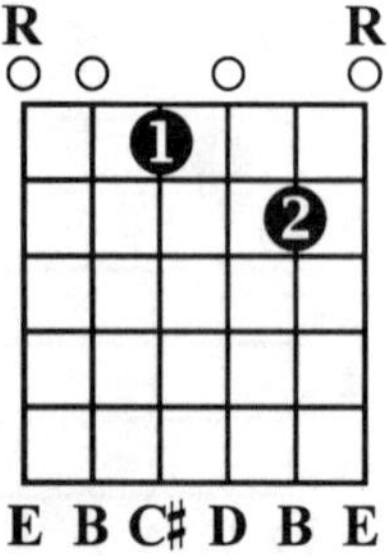

R — R

Frets: 1 (3rd string), 2 (2nd string)

E B C# D B E

B7

5th — R

Barre at 2nd fret; 1 (3rd string fret 1), 4, 3, 2 at fret 2

F# B A D# B

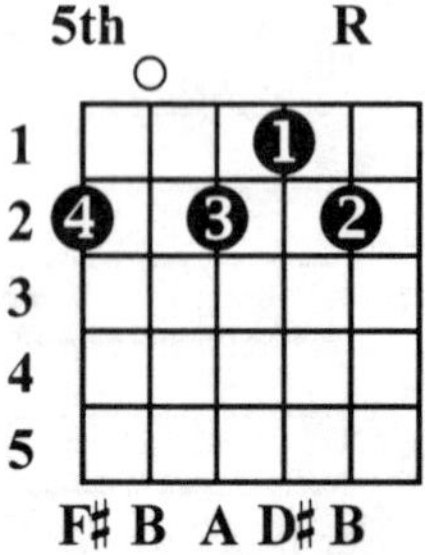

Seventh

G♭7 / F#7

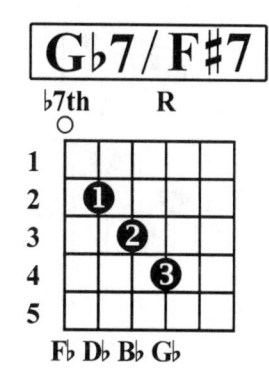

♭7th — R

Fret positions:
- Fret 2: finger 1
- Fret 3: finger 2
- Fret 4: finger 3

F♭ D♭ B♭ G♭

D♭7

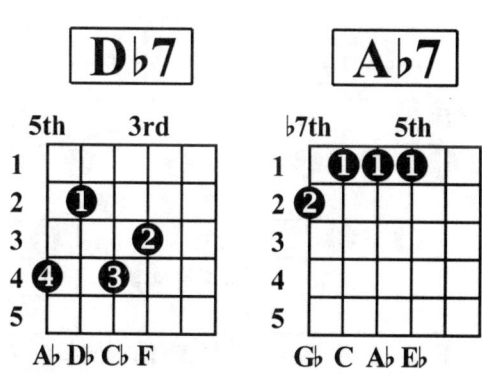

5th — 3rd

- Fret 2: finger 1
- Fret 3: finger 2
- Fret 4: fingers 4 and 3

A♭ D♭ C♭ F

A♭7

♭7th — 5th

- Fret 1: fingers 1, 1, 1
- Fret 2: finger 2

G♭ C A♭ E♭

Seventh

Eb7

3rd — R

G Db Bb Eb

Bb7

5th — R

F D Ab F Bb

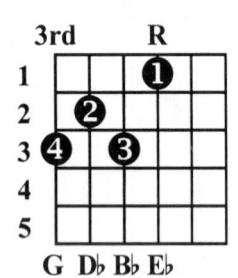

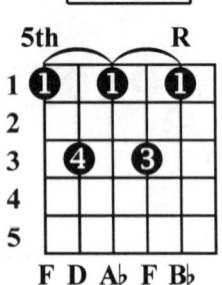

F7

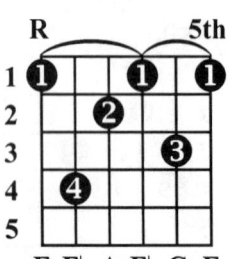

R — 5th

F Eb A Eb C F

Major Seventh

Cma7

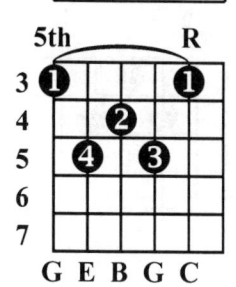

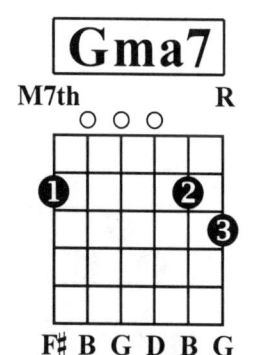

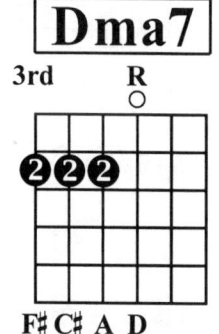

```
5th            R
3 ●        ●
4     ●
5  ●     ●
6
7
  G E B G C
```

Gma7

```
M7th        R
    o o o
●       ●
           ●
F# B G D B G
```

Dma7

```
3rd    R
       o
● ● ●
F# C# A D
```

Major Seventh

Ama7

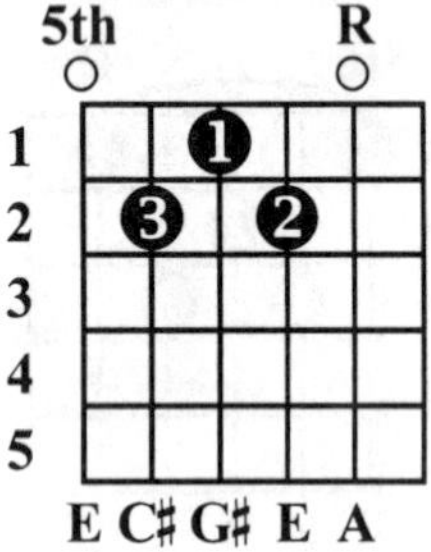

5th — R

Frets 1-5; fingers: 1 on fret 1, 3 and 2 on fret 2.

E C# G# E A

Ema7

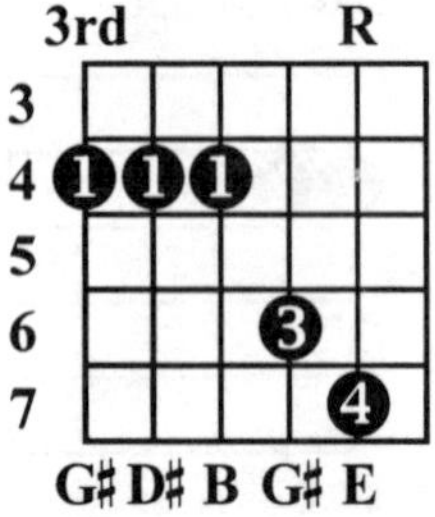

3rd — R

Frets 3-7; fingers: 1,1,1 on fret 4; 3 on fret 6; 4 on fret 7.

G# D# B G# E

Bma7

5th — R

Frets 1-5; barre on fret 2; 2 on fret 3; 4 and 3 on fret 4.

F# D# A# F# B

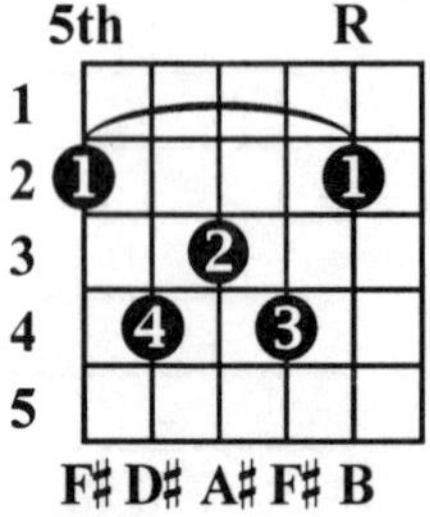

Major Seventh

Gbma7 / F#ma7

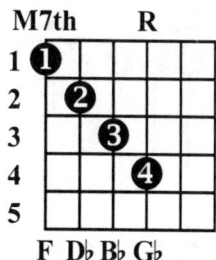

```
M7th      R
1 ●
2   ●
3     ●
4       ●
5
  F Db Bb Gb
```

Dbma7

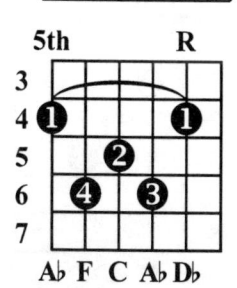

```
5th       R
3 ⌒⌒⌒
4 ●     ●
5     ●
6   ● ●
7
Ab F C Ab Db
```

Abma7

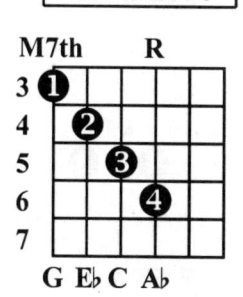

```
M7th      R
3 ●
4   ●
5     ●
6       ●
7
  G Eb C Ab
```

Major Seventh

Ebma7

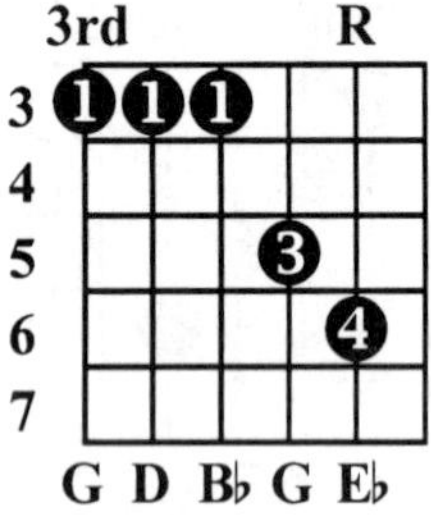

```
   3rd        R
3  ① ① ①
4
5           ③
6              ④
7
   G  D  Bb G  Eb
```

Bbma7

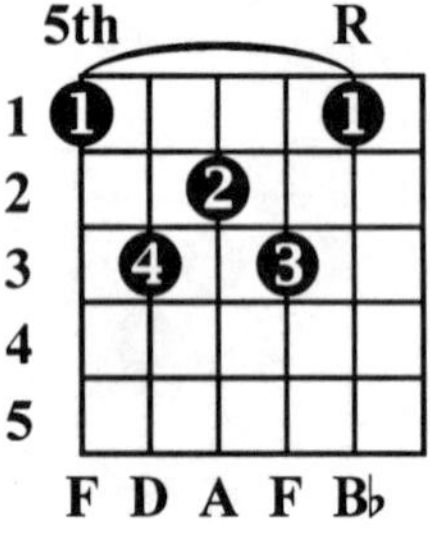

```
   5th        R
1  ①        ①
2     ②
3        ④ ③
4
5
   F  D  A  F  Bb
```

Fma7

```
   M7th      R
    ○
1  ①
2     ②
3        ③
4
5
   E  C  A  F
```

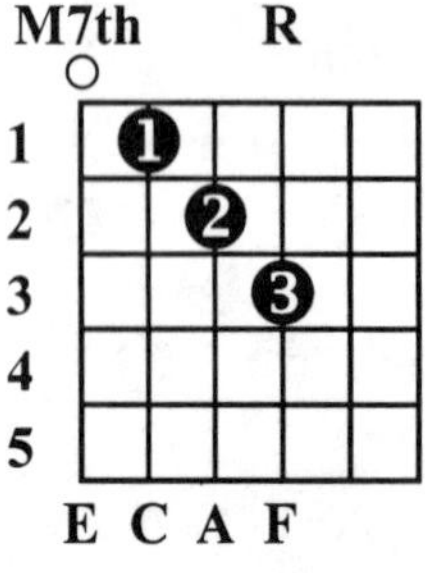

Major Sixth

C6

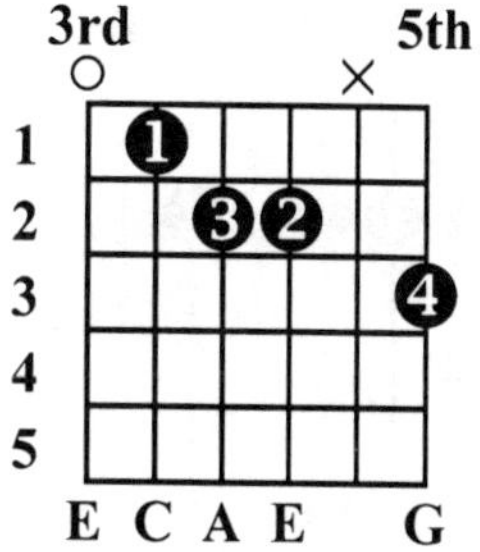

G6

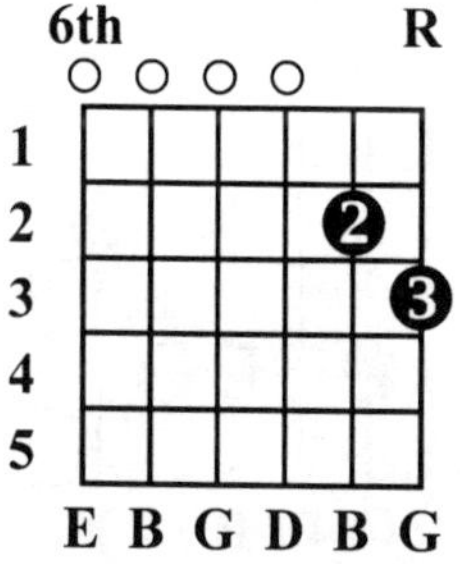

D6

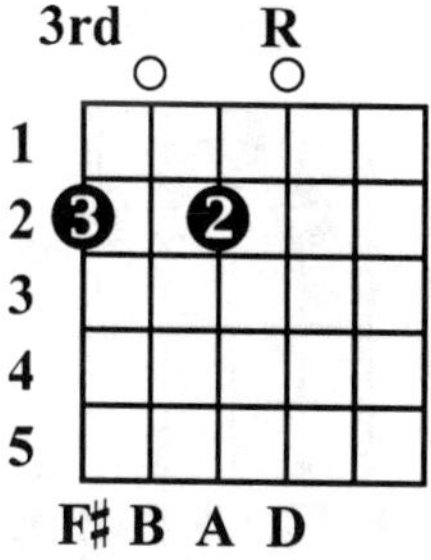

Sixth

A6

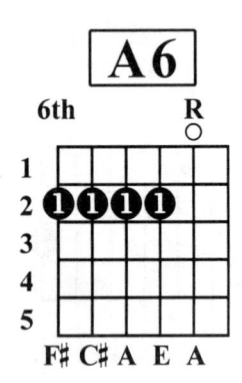

6th — R

1					
2	①	①	①	①	
3					
4					
5					

F# C# A E A

E6

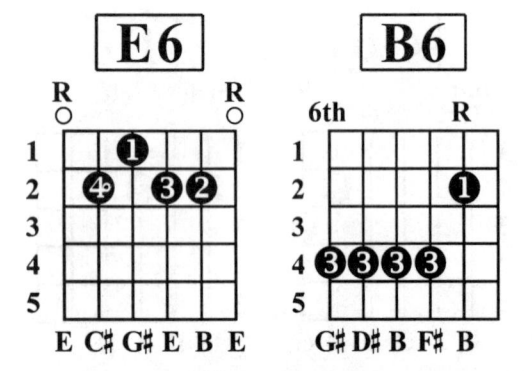

R — R

1		①			
2		④		③	②	
3					
4					
5					

E C# G# E B E

B6

6th — R

1					
2					①	
3					
4	③	③	③	③	
5					

G# D# B F# B

Sixth

G♭6 / F♯6

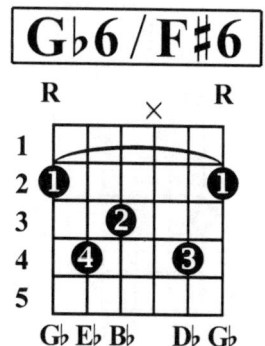

R   ×   R

G♭ E♭ B♭   D♭ G♭

D♭6

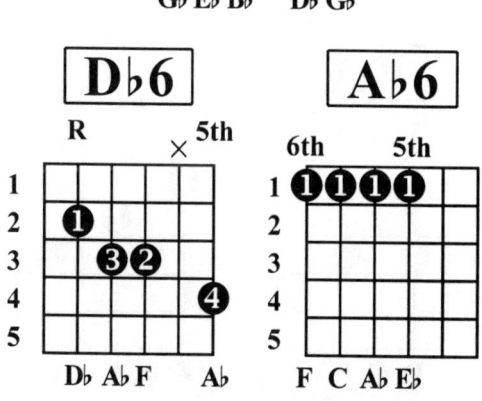

R   ×   5th

D♭ A♭ F   A♭

A♭6

6th   5th

F C A♭ E♭

Sixth

E♭6

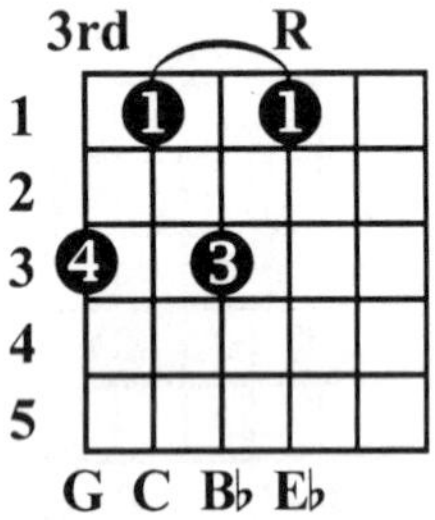

3rd — R

1	①		①	
2				
3	④	③		

G C B♭ E♭

B♭6

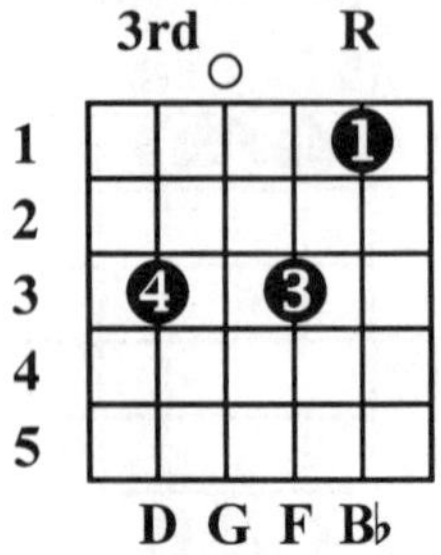

3rd — R

1				①
2				
3	④	③		

D G F B♭

F6

R × R

1	①			①
2		②		
3	④			③

F D A C F

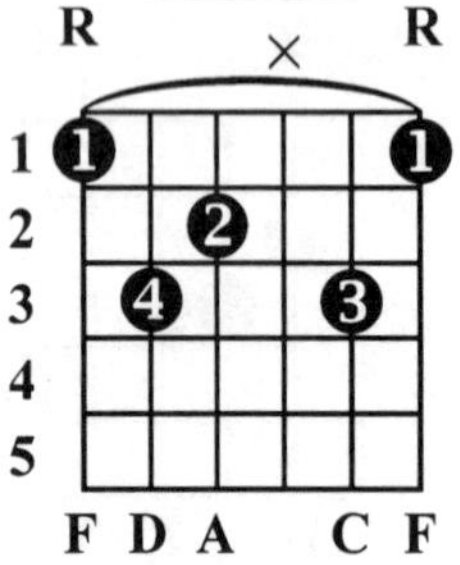

Minor Seventh

Cm7

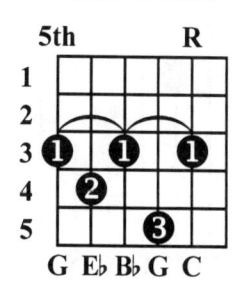

5th — R

```
1 | | | | |
2 | |⌒|⌒|⌒|
3 |①| ①| |①|
4 | |②| | |
5 | | |③| |
  G  E♭ B♭ G  C
```

Gm7

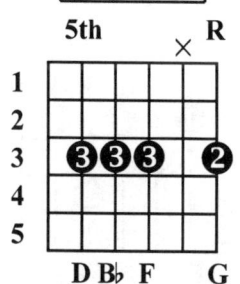

5th   ×R

```
1 | | | | |
2 | | | | |
3 |③|③|③| |②|
4 | | | | |
5 | | | | |
  D  B♭ F  G
```

Dm7

5th — R

```
5 |①|⌒①|⌒①|
6 |②| | |
7 | |③| |
8 | | | |
9 | | | |
  A  F  C  A  D
```

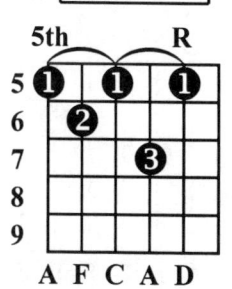

Minor Seventh

Am7

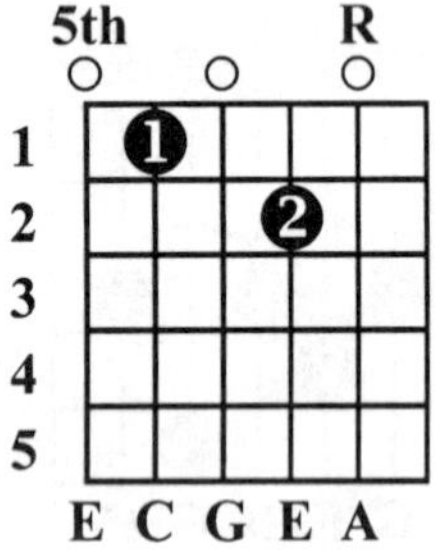

E C G E A

Em7

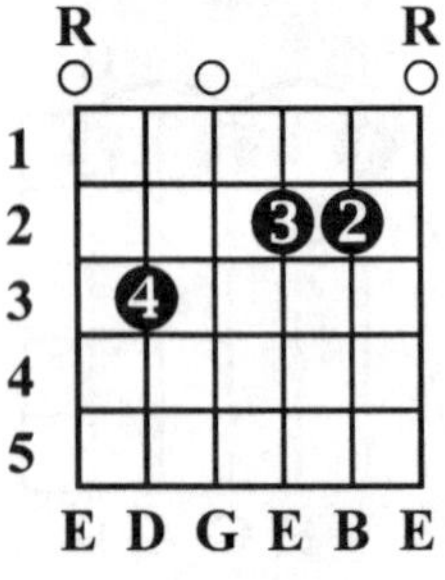

E D G E B E

Bm7

F# D A F# B

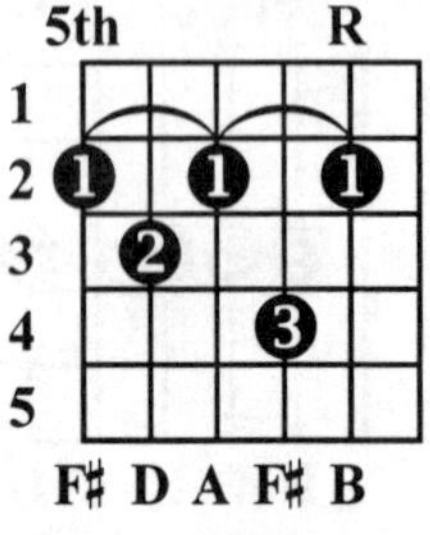

Minor Seventh 27

Gbm7 / F#m7

```
      5th        R
         ×
1 |  |  |  |  |  |
2 |  ● ● ●  |  ●
3 |  |  |  |  |  |
4 |  |  |  |  |  |
5 |  |  |  |  |  |
      Db Bbb Fb  Gb
```

Dbm7

```
  5th            R
3 |  ⌒  ⌒      |
4 |  ● ● ●  |  ●
5 |  |  ●  |  |  |
6 |  |  |  ●  |  |
7 |  |  |  |  |  |
  Ab Fb Cb Ab Db
```

Abm7

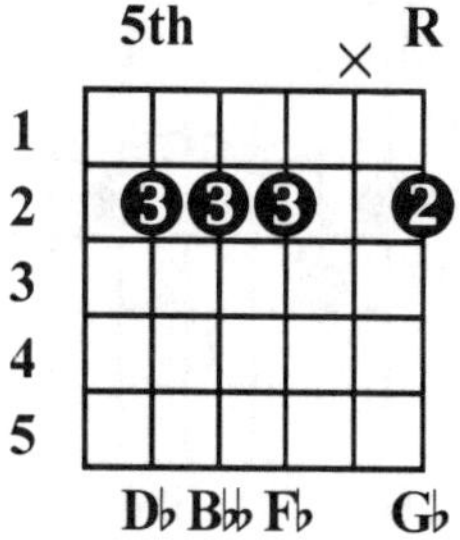

```
      5th        R
                ×
3 |  |  |  |  |  |
4 |  ● ● ●  |  ●
5 |  |  |  |  |  |
6 |  |  |  |  |  |
7 |  |  |  |  |  |
      Eb Cb Gb  Ab
```

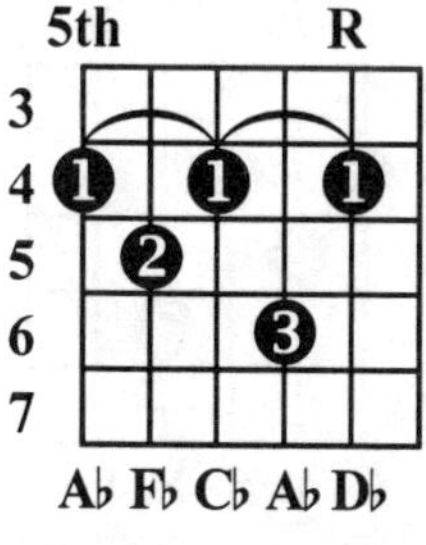

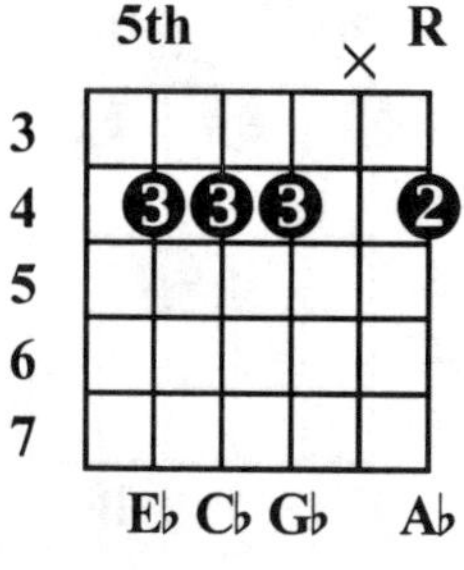

Minor Seventh

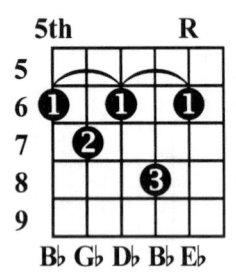

Ebm7

```
      5th        R
5 |  |   |   |   |
6 |  ①  ①  ①  |
7 |  |  ②  |   |
8 |  |   |  ③  |
9 |  |   |   |   |
   Bb Gb Db Bb Eb
```

Bbm7

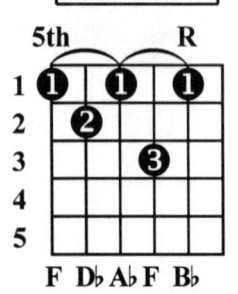

```
      5th        R
1 |  ①  ①  ①  |
2 |  |  ②  |   |
3 |  |   |  ③  |
4 |  |   |   |   |
5 |  |   |   |   |
   F  Db Ab F  Bb
```

Fm7

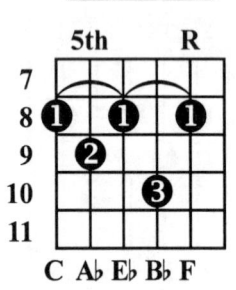

```
       5th        R
 7 |  |   |   |   |
 8 |  ①  ①  ①  |
 9 |  |  ②  |   |
10 |  |   |  ③  |
11 |  |   |   |   |
    C  Ab Eb Bb F
```

Minor Sixth

Cm6

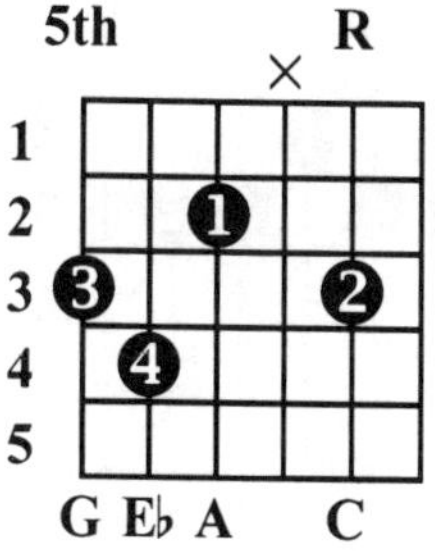

5th — R
×

Frets 1–5, fingers: 1 on 3rd string fret 2, 2 on 2nd string fret 3, 3 on 5th string fret 3, 4 on 4th string fret 4

G E♭ A C

Gm6

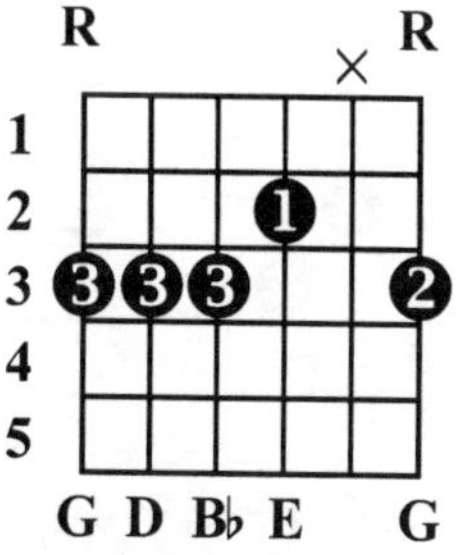

R — R
×

Frets 1–5, finger 1 on 3rd string, 2 on 1st string, 3 barre on strings 6,5,4

G D B♭ E G

Dm6

♭3rd — R
○ ○

Finger 1 on 4th string fret 1, finger 2 on 2nd string fret 2

F B A D

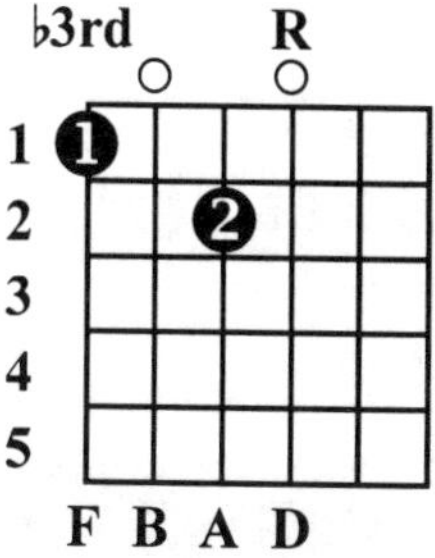

Minor Sixth

Am6

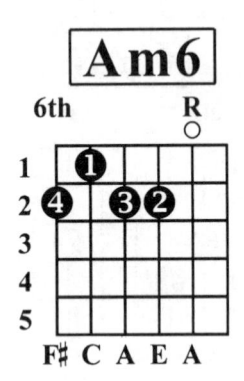

6th fret, R (open)

Fret 1: ●1
Fret 2: ●4 ●3 ●2

F# C A E A

Em6

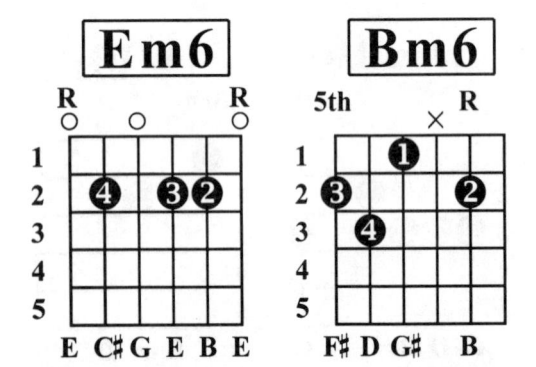

R (open), open, R (open)

Fret 2: ●4 ●3 ●2

E C# G E B E

Bm6

5th fret, × , R

Fret 1: ●1
Fret 2: ●3 ●2
Fret 3: ●4

F# D G# B

Minor Sixth

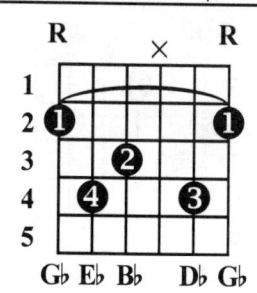

Gbm6 / F#m6

Gb Eb Bb Db Gb

Dbm6

Ab Fb Bb Db

Abm6

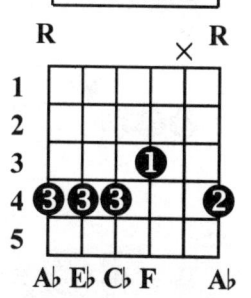

Ab Eb Cb F Ab

Minor Sixth

E♭m6

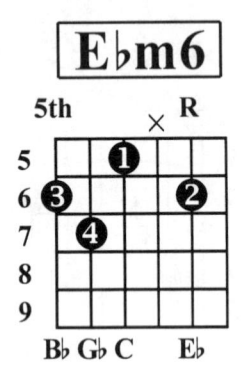

5th ... R

		1	×	R
5 fret: 1 on string
6 fret: 3 ... 2
7 fret: 4

B♭ G♭ C E♭

B♭m6

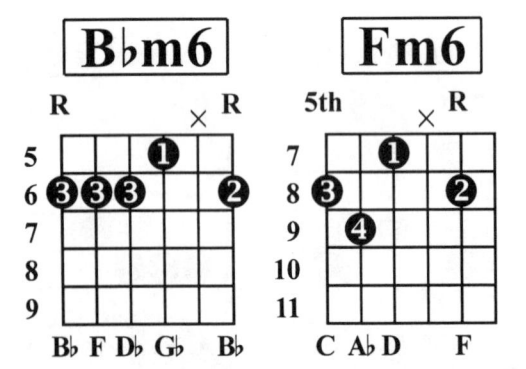

R ... × R

6 fret: 3 3 3 ... 2
5 fret: 1

B♭ F D♭ G♭ B♭

Fm6

5th ... × R

7 fret: 1
8 fret: 3 ... 2
9 fret: 4

C A♭ D F

7 Suspended 4th [33]

C7sus

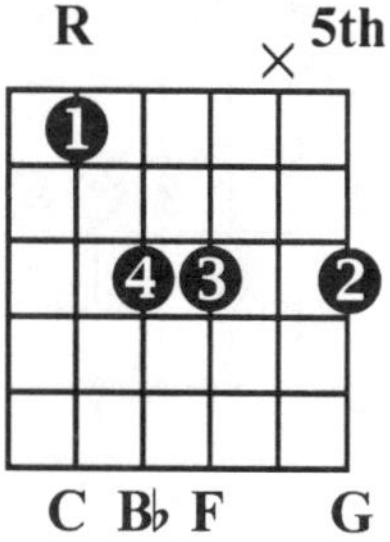

R   ×5th

C B♭ F   G

G7sus

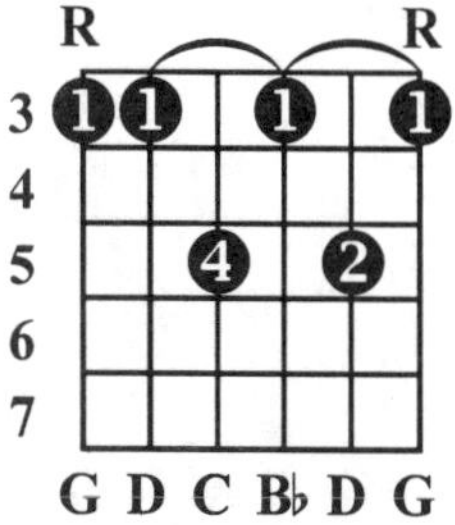

R   R

G D C B♭ D G

D7sus

R   ×5th

D A G   A

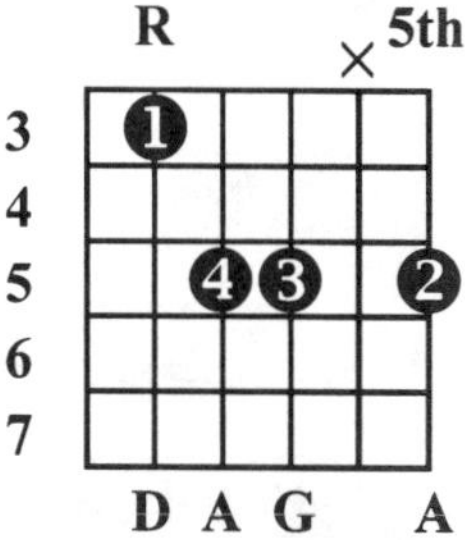

7 Suspended 4th

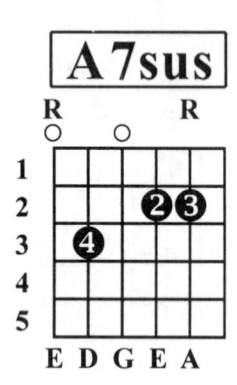

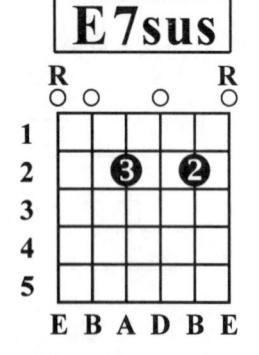

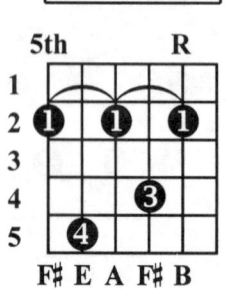

A7sus

E D G E A

E7sus

E B A D B E

B7sus

5th fret

F# E A F# B

7 Suspended 4th 35

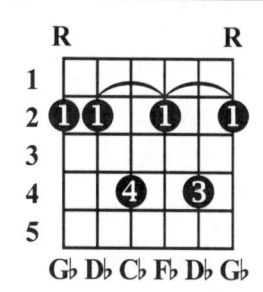

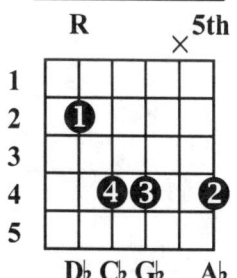

Gb7sus / F#7sus

Gb Db Cb Fb Db Gb

Db7sus

Db Cb Gb Ab

Ab7sus

Ab Eb Db Gb Eb Ab

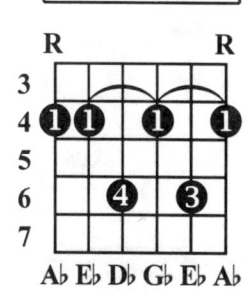

7 Suspended 4th

Eb7sus

Ab Db Bb Eb

Bb7sus

F Bb Ab F Bb

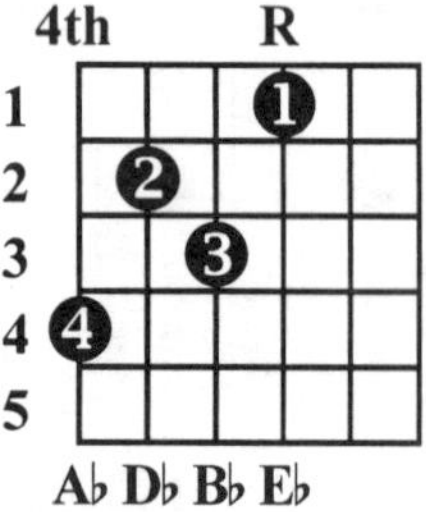

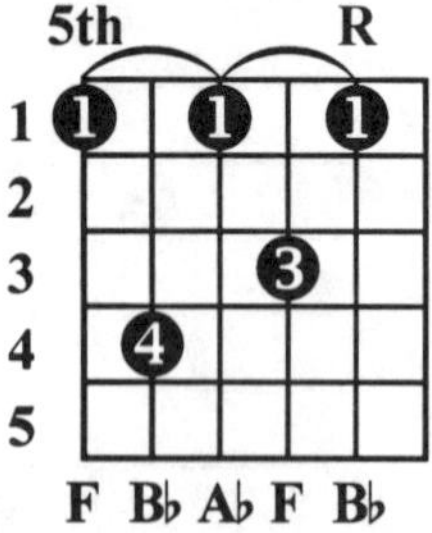

F7sus

Bb Eb C F

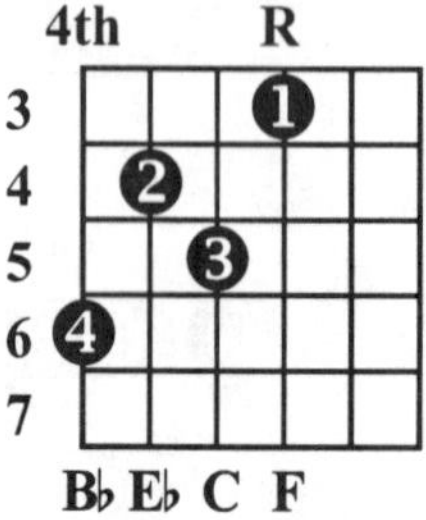

Diminished #1

C°, E♭°, G♭°, A°

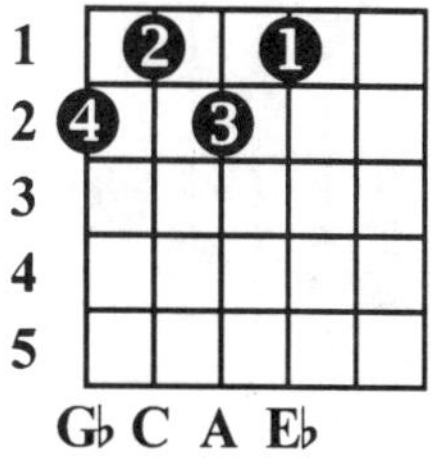

```
1 . ② ① .
2 ④ . ③ .
3 . . . .
4 . . . .
5 . . . .
  G♭ C A E♭
```

D♭°, E°, G°, B♭°

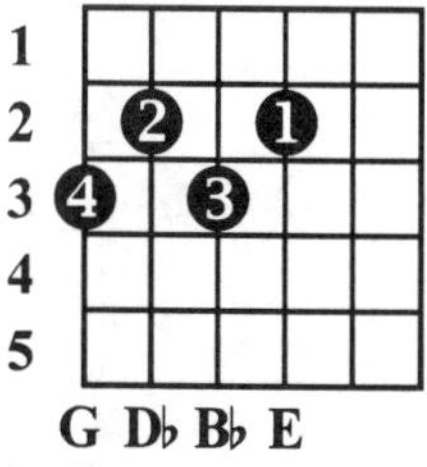

```
1 . . . .
2 . ② ① .
3 ④ ③ . .
4 . . . .
5 . . . .
  G D♭ B♭ E
```

D°, F°, A♭°, B°

```
    ○   ○
1 ① . ① .
2 . . . .
3 . . . .
4 . . . .
5 . . . .
  F B A♭ D
```

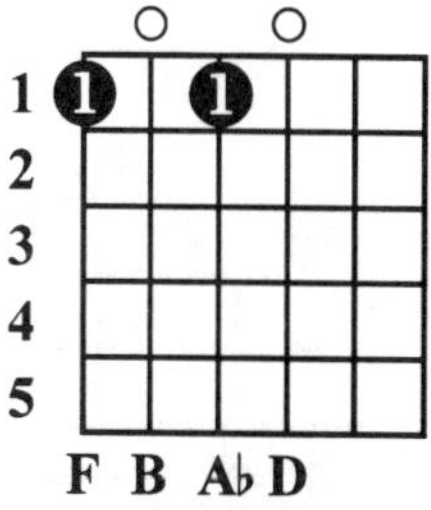

Diminished #2

C°, E♭°, G♭°, A°

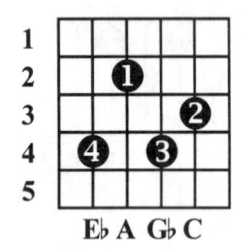

```
1 | . . . . .
2 | . ① . . .
3 | . . . ② .
4 | ④ . ③ . .
5 | . . . . .
   E♭ A G♭ C
```

D♭°, E°, G°, B♭°

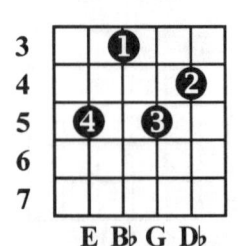

```
3 | . ① . . .
4 | . . . ② .
5 | ④ . ③ . .
6 | . . . . .
7 | . . . . .
   E B♭ G D♭
```

D°, F°, A♭°, B°

```
1 | . ① . . .
2 | . . . ② .
3 | ④ . ③ . .
4 | . . . . .
5 | . . . . .
   D A♭ F B
```

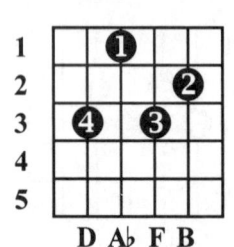

Augmented

C+, E+, A♭+

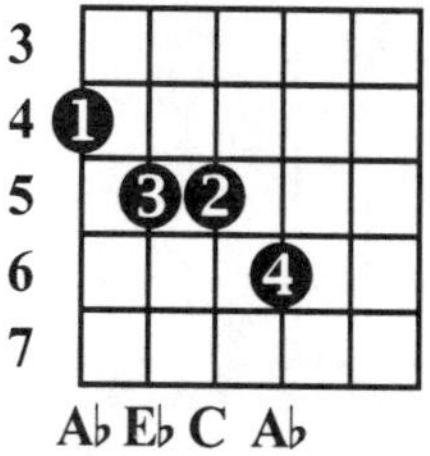

```
3 . . . . .
4 ① . . . .
5 . ③ ② . .
6 . . . ④ .
7 . . . . .
```
A♭ E♭ C A♭

D♭+, F+, A+

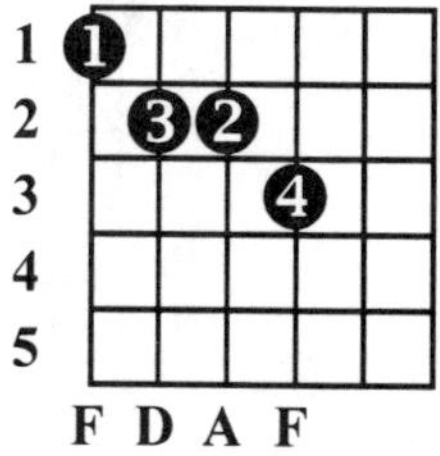

```
1 ① . . . .
2 . ③ ② . .
3 . . . ④ .
4 . . . . .
5 . . . . .
```
F D A F

D+, G♭+/F#+, B♭+

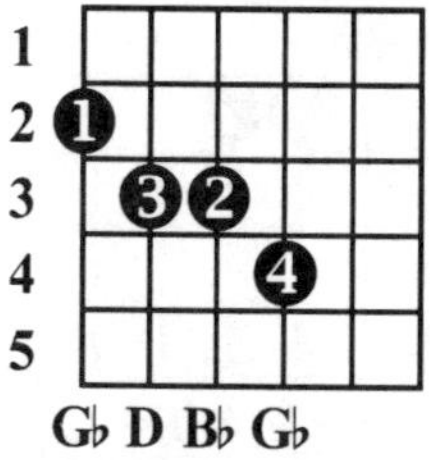

```
1 . . . . .
2 ① . . . .
3 . ③ ② . .
4 . . . ④ .
5 . . . . .
```
G♭ D B♭ G♭

E♭+, G+, B+

```
3 ① . . . .
4 . ③ ② . .
5 . . . ④ .
6 . . . . .
7 . . . . .
```
G E♭ B G

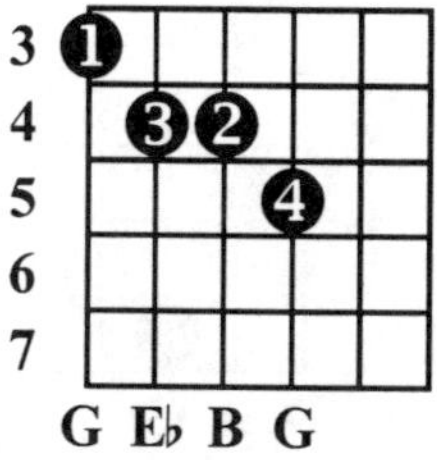

Major-Minor 7

Cma-mi7

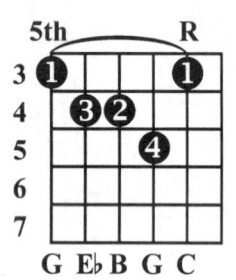

5th — R
- Fret 3: 1, 1
- Fret 4: 3, 2
- Fret 5: 4

G Eb B G C

Gma-mi7

M7th — R
- Fret 2: 1
- Fret 3: 3, 2
- Fret 5: 4

F# D B G

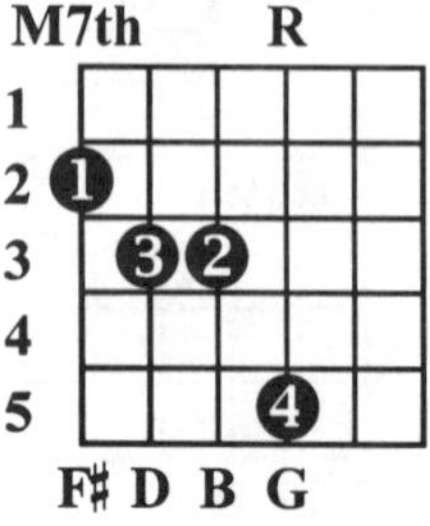

Dma-mi7

b3rd — R (open)
- Fret 1: 1
- Fret 2: 3, 2

F C# A D

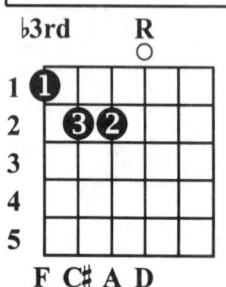

Major-Minor 7

Ama-mi7

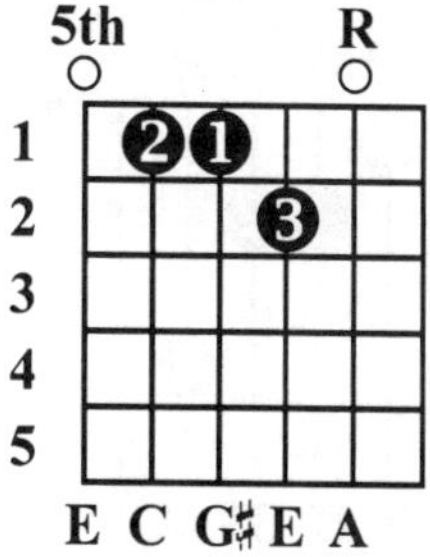

E C G# E A

Ema-mi7

E B G# D# B E

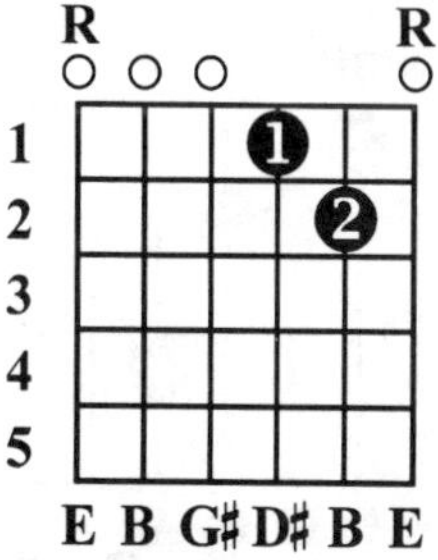

Bma-mi7

F# D A# F# B

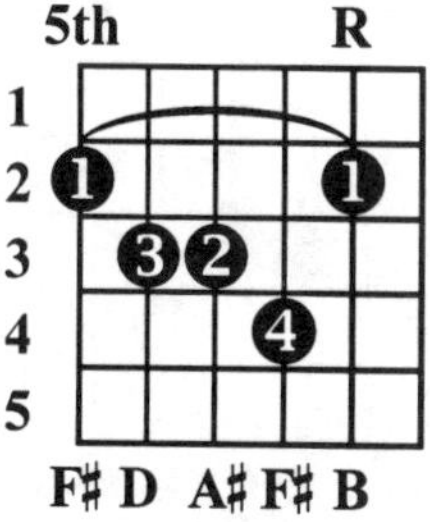

Major-Minor 7

G♭ma-mi7 / F♯ma-mi7

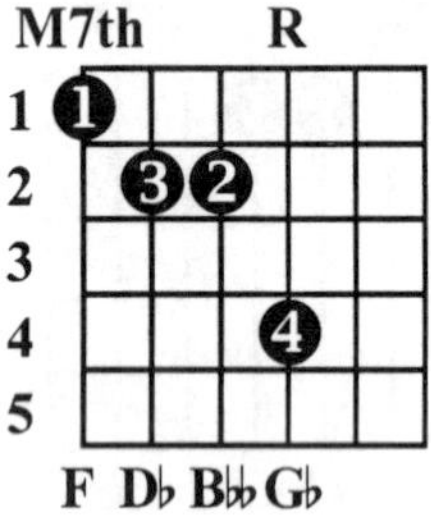

```
   M7th  R
1  ●
2    ● ●
3
4        ●
5
   F D♭ B♭♭ G♭
```

D♭ma-mi7

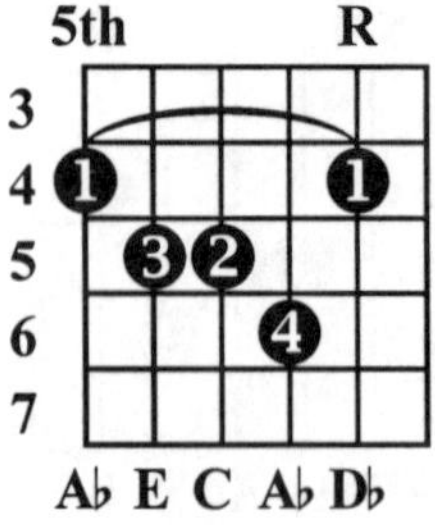

```
   5th     R
3
4  ●       ●
5    ● ●
6        ●
7
   A♭ E C A♭ D♭
```

A♭ma-mi7

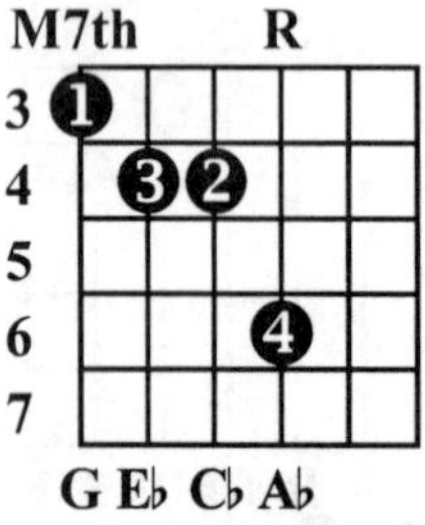

```
   M7th  R
3  ●
4    ● ●
5
6        ●
7
   G E♭ C♭ A♭
```

Major-Minor 7

E♭ma-mi7

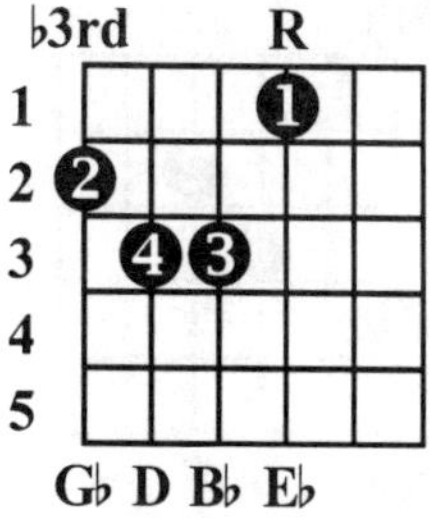

```
  ♭3rd     R
1 │  │  │ ① │  │
2 │② │  │  │  │
3 │  │④ │③ │  │
4 │  │  │  │  │
5 │  │  │  │  │
  G♭ D  B♭ E♭
```

B♭ma-mi7

```
  5th        R
1 ①─────────①
2 │  │③ │② │  │
3 │  │  │  │④ │
4 │  │  │  │  │
5 │  │  │  │  │
  F  D♭ A  F  B♭
```

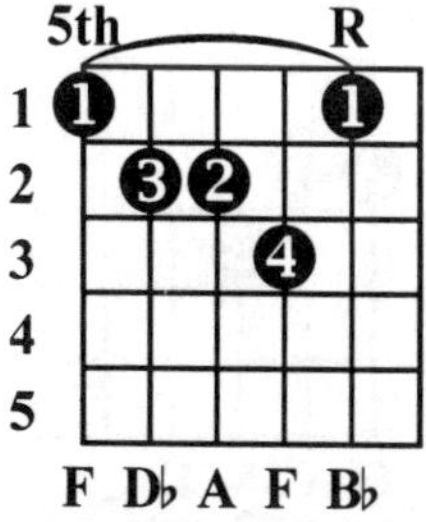

Fma-mi7

```
  M7th     R
   ○
1 │  │② │③ │  │
2 │  │  │  │  │
3 │  │  │④ │  │
4 │  │  │  │  │
5 │  │  │  │  │
  E  C  A♭ F
```

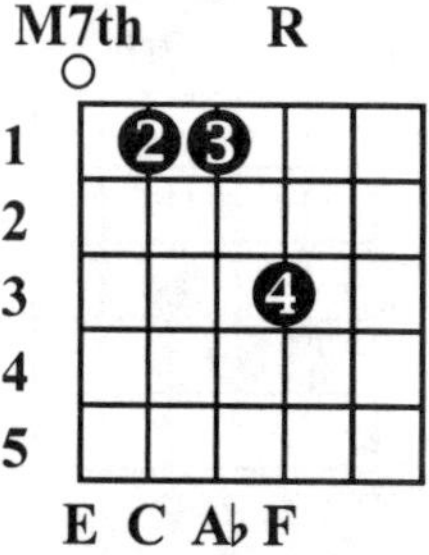

7#5

C7#5

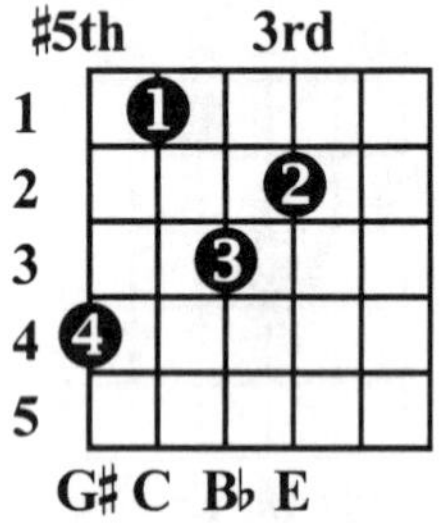

#5th   3rd

G# C Bb E

G7#5

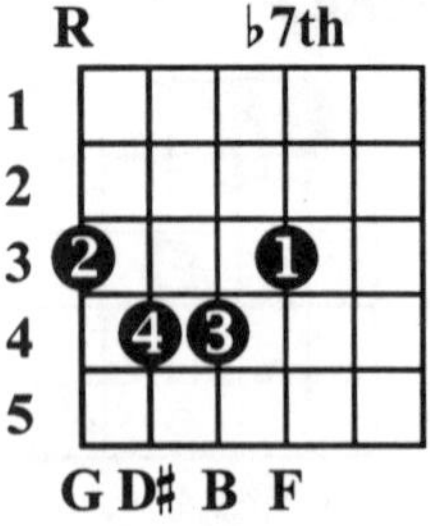

R   b7th

G D# B F

D7#5

3rd   R

F# C A# D

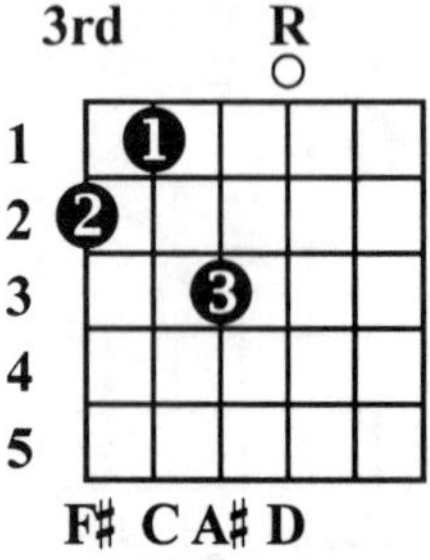

7#5

A7#5

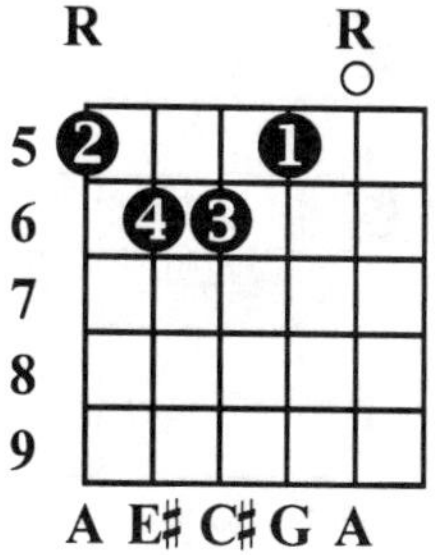

```
R           R
5  ②     ①
6     ④③
7
8
9
   A E# C# G A
```

E7#5

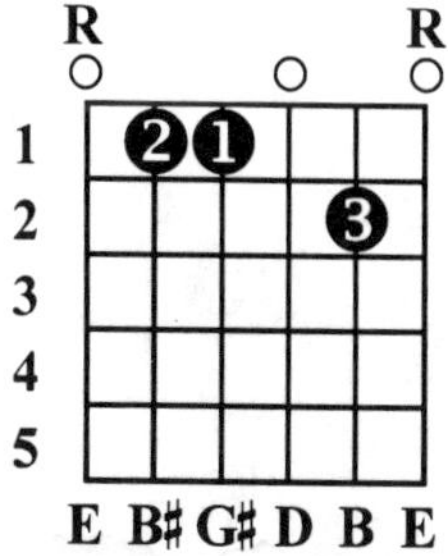

```
R     O     R
1  ②①
2        ③
3
4
5
   E B# G# D B E
```

B7#5

```
  #5th      R
1       ①
2     ③   ②
3  ④
4
5
   G B A D# B
```

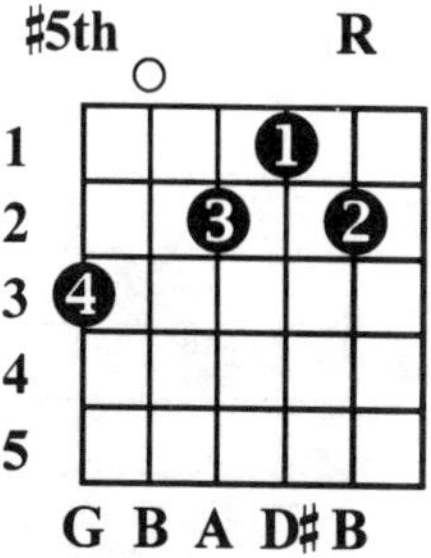

7#5

Gb7#5 / F#7#5

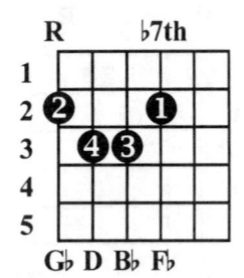

```
      R      b7th
1 | | | | |
2 |②| |①| |
3 | |④|③| |
4 | | | | |
5 | | | | |
  Gb D Bb Fb
```

Db7#5

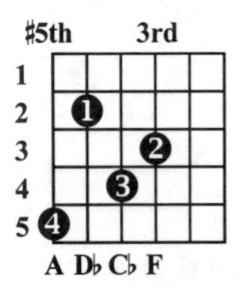

```
 #5th   3rd
1 | | | | |
2 |①| | | |
3 | | |②| |
4 | |③| | |
5 |④| | | |
  A Db Cb F
```

Ab7#5

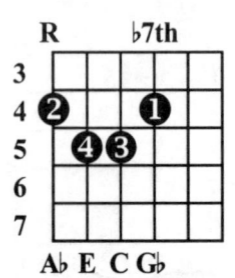

```
      R      b7th
3 | | | | |
4 |②| |①| |
5 | |④|③| |
6 | | | | |
7 | | | | |
  Ab E C Gb
```

7#5

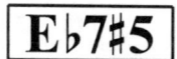

E♭7#5

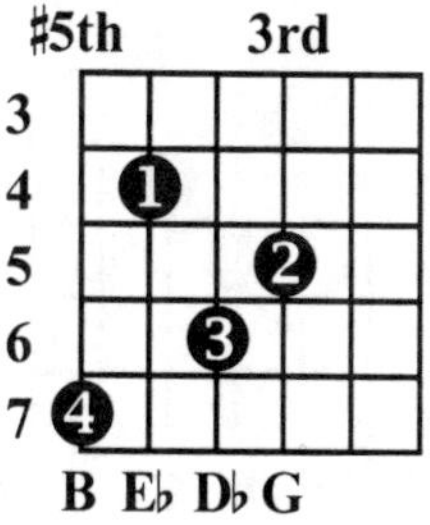

#5th   3rd

B E♭ D♭ G

B♭7#5

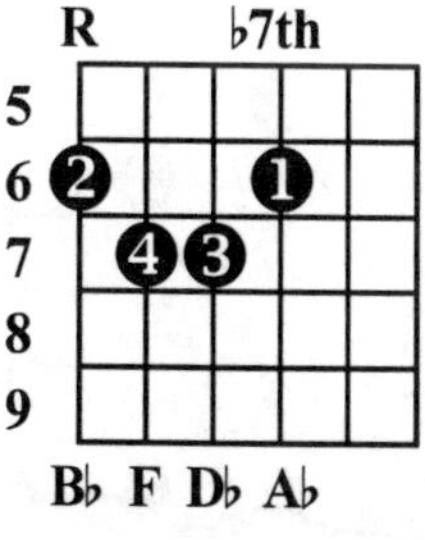

R   ♭7th

B♭ F D♭ A♭

F7#5

R   ♭7th

F C# A E♭

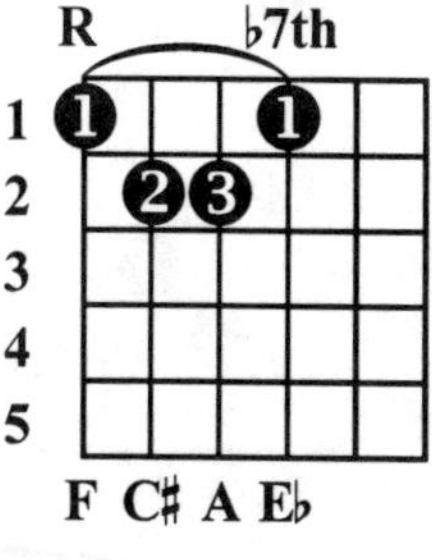

7♭5

C7♭5

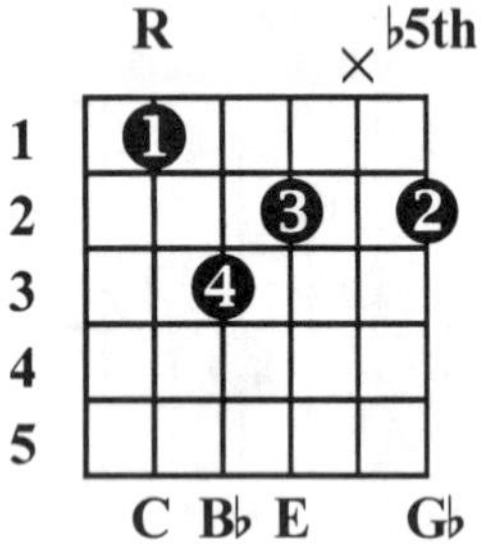

R   × ♭5th

C B♭ E   G♭

G7♭5

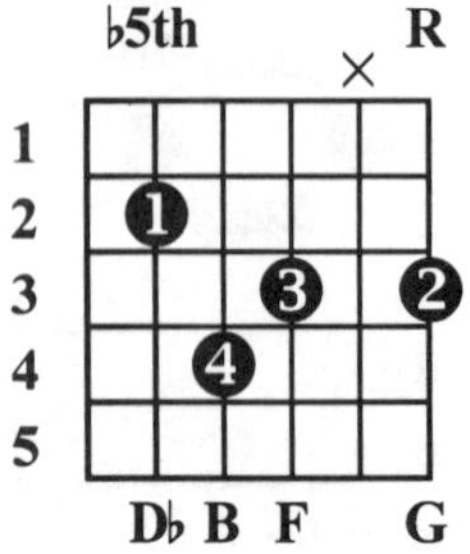

♭5th   ×   R

D♭ B F G

D7♭5

R   × ♭5th

D C F# A♭

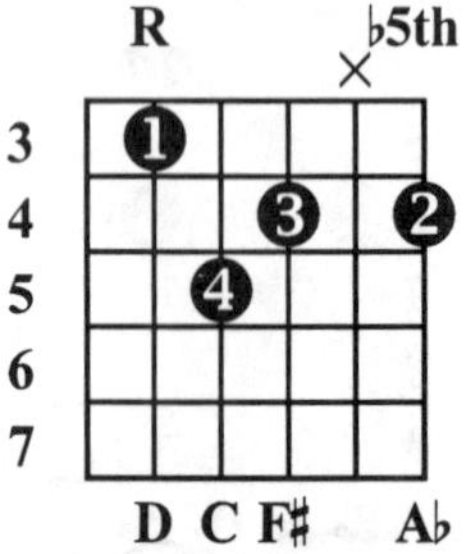

7♭5

A7♭5

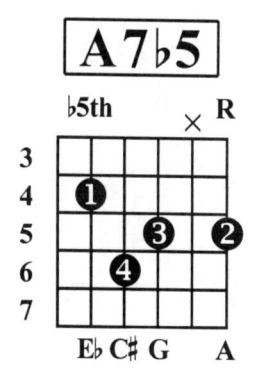

♭5th — R

Eb C# G A

E7♭5

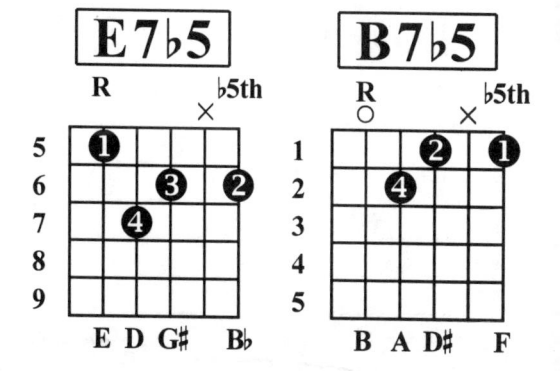

R — ♭5th

E D G# Bb

B7♭5

R — ♭5th

B A D# F

7♭5

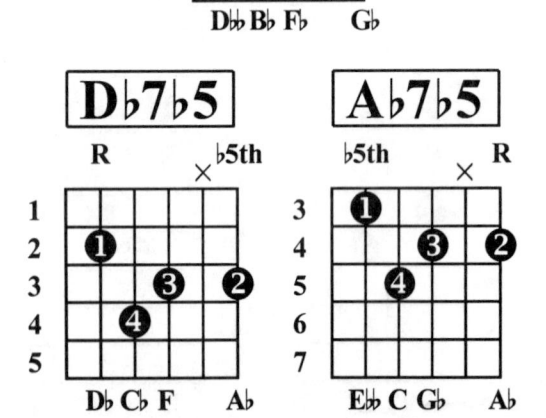

G♭7♭5 / F♯7♭5

♭5th — R

D𝄫 B♭ F♭ G♭

D♭7♭5

R — ♭5th

D♭ C♭ F A♭

A♭7♭5

♭5th — R

E𝄫 C G♭ A♭

7♭5

E♭7♭5

R — ♭5th

Frets: 3, 4, 5, 6, 7
Notes: E♭ D♭ G B♭♭

B♭7♭5

♭5th — R

Frets: 5, 6, 7, 8, 9
Notes: F♭ D A♭ B♭

F7♭5

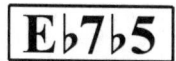

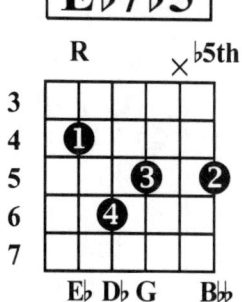

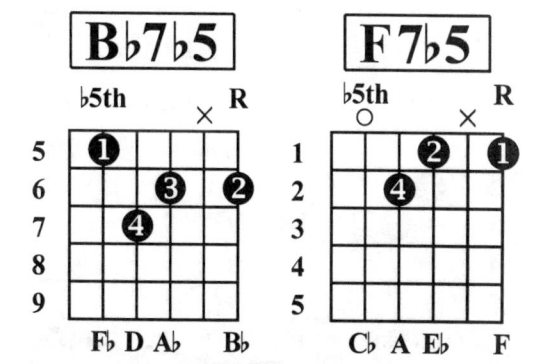

♭5th — R

Frets: 1, 2, 3, 4, 5
Notes: C♭ A E♭ F

Minor7♭5

Cm7♭5

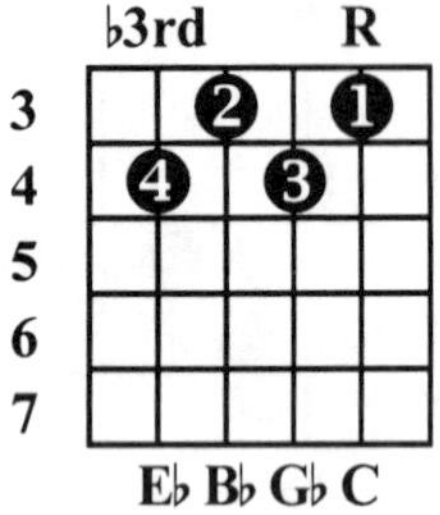

♭3rd — R

Frets: 3, 4, 5, 6, 7
Notes: E♭ B♭ G♭ C

Gm7♭5

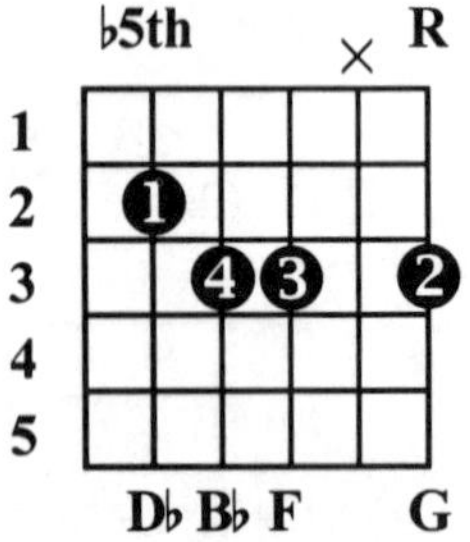

♭5th — × — R

Frets: 1, 2, 3, 4, 5
Notes: D♭ B♭ F G

Dm7♭5

♭3rd — R

Frets: 5, 6, 7, 8, 9
Notes: F C A♭ D

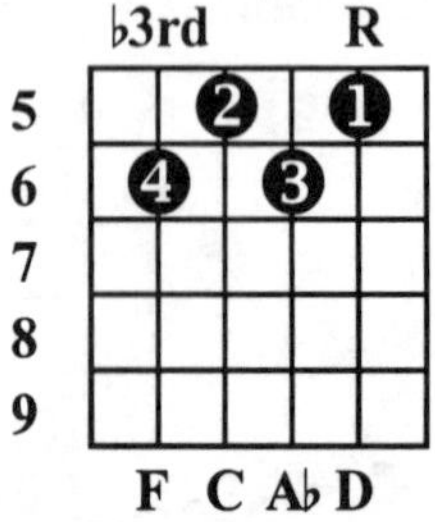

Minor 7♭5

Am7♭5

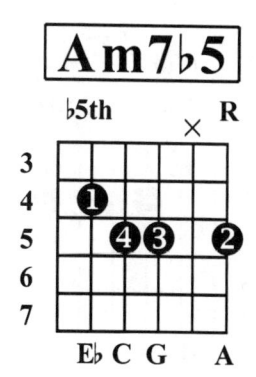

♭5th — R

Frets: 3-7
Fingers: 1 (4th fret), 4, 3 (5th fret), 2 (5th fret)
× on one string

E♭ C G A

Em7♭5

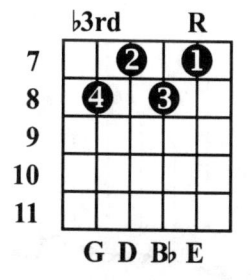

♭3rd — R

Frets: 7-11
Fingers: 2, 1 (7th fret), 4, 3 (8th fret)

G D B♭ E

Bm7♭5

♭3rd — R

Frets: 1-5
Fingers: 2, 1 (2nd fret), 4, 3 (3rd fret)

D A F B

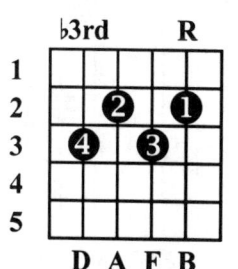

Minor 7♭5

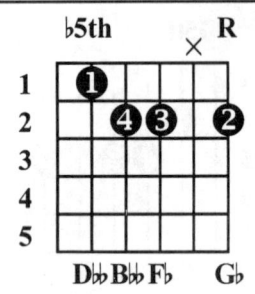

G♭m7♭5 / F#m7♭5

	♭5th		R	
1	❶		×	
2		❹❸	❷	
3				
4				
5				

D♭♭ B♭♭ F♭ G♭

D♭m7♭5

	♭3rd		R	
3				
4		❷	❶	
5	❹	❸		
6				
7				

F♭ C♭ A♭♭ D♭

A♭m7♭5

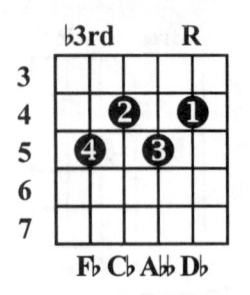

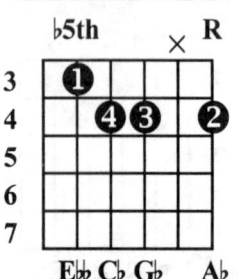

	♭5th		R	
3	❶		×	
4		❹❸	❷	
5				
6				
7				

E♭♭ C♭ G♭ A♭

Minor 7♭5

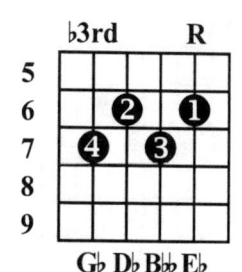

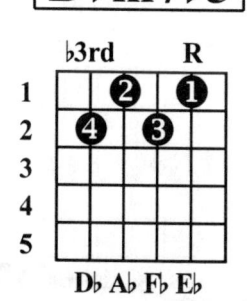

E♭m7♭5

♭3rd — R

G♭ D♭ B♭♭ E♭

D♭m7♭5

♭3rd — R

D♭ A♭ F♭ E♭

Fm7♭5

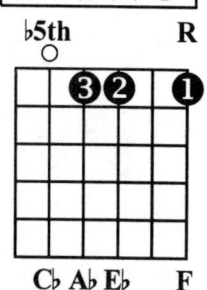

♭5th — R

C♭ A♭ E♭ F

Ninth

C9

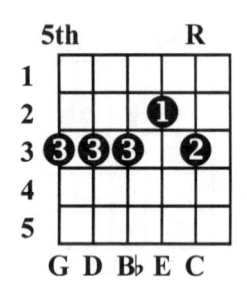

5th — R

1					
2				①	
3	③	③	③		②
4					
5					

G D B♭ E C

G9

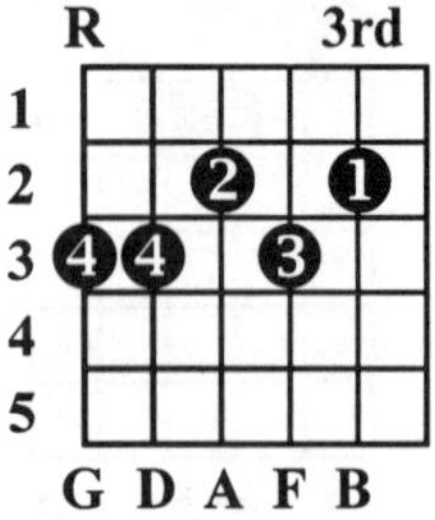

R — 3rd

1					
2			②		①
3	④	④		③	
4					
5					

G D A F B

D9

5th — R

3					
4				①	
5	③	③	③		②
6					
7					

A E C F♯ D

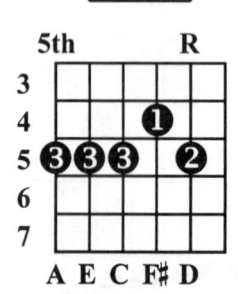

Ninth

A9

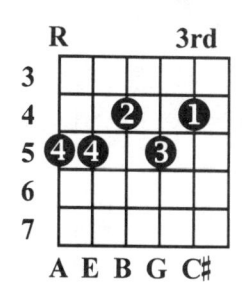

	R			3rd
3				
4		②		①
5	④	④	③	
6				
7				

A E B G C#

E9

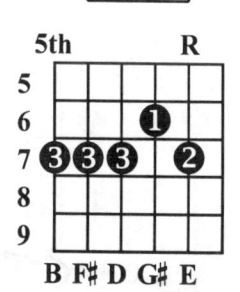

5th				R
5				
6			①	
7	③	③	③	②
8				
9				

B F# D G# E

B9

5th			R	
1			①	
2	③	③	③	②
3				
4				
5				

F# C# A D# B

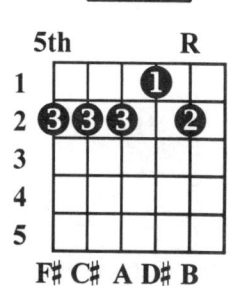

Ninth

G♭9 / F♯9

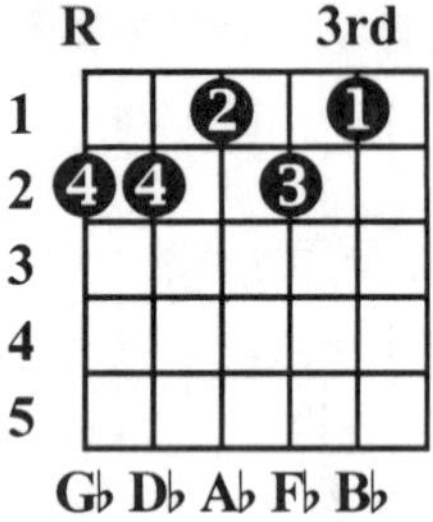

R — 3rd

G♭ D♭ A♭ F♭ B♭

D♭9

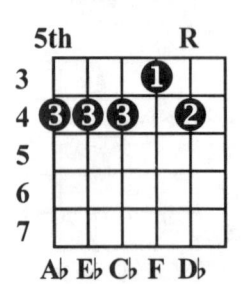

5th — R

A♭ E♭ C♭ F D♭

A♭9

R — 3rd

A♭ E♭ B♭ G♭ C

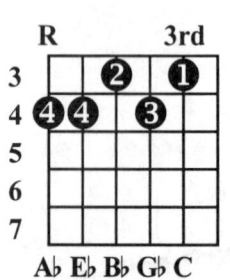

Ninth

E♭9

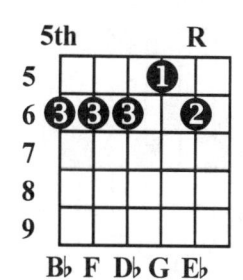

5th — R

Frets 5–9, strings: B♭ F D♭ G E♭

B♭9

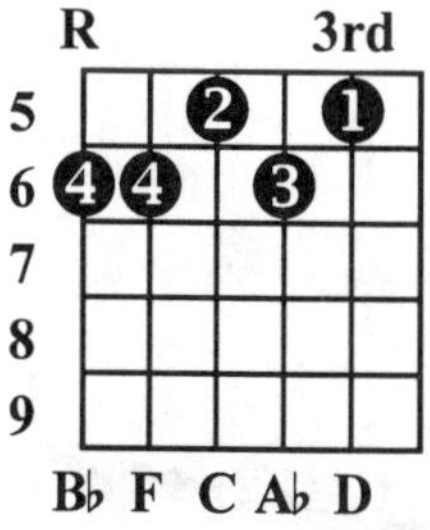

R — 3rd

Frets 5–9, strings: B♭ F C A♭ D

F9

5th — R

Frets 7–11, strings: C G E♭ A F

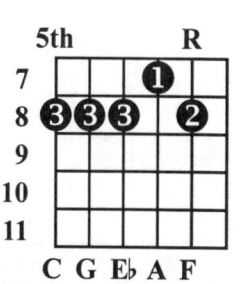

7♭9

C7♭9

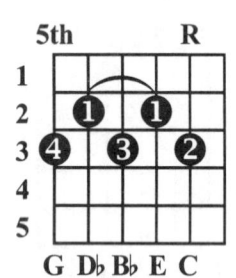

```
    5th        R
1 |   |   |   |   |
2 | ① |   | ① |   |
3 ④ |   | ③ | ② |
4 |   |   |   |   |
5 |   |   |   |   |
  G  D♭ B♭ E  C
```

G7♭9

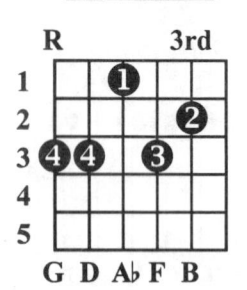

```
  R           3rd
1 |   | ① |   |   |
2 |   |   |   | ② |
3 ④  ④ | ③ |   |
4 |   |   |   |   |
5 |   |   |   |   |
  G  D  A♭ F  B
```

D7♭9

```
    5th        R
3 |   |   |   |   |
4 | ① |   | ① |   |
5 ④ |   | ③ | ② |
6 |   |   |   |   |
7 |   |   |   |   |
  G  E♭ C  F♯ D
```

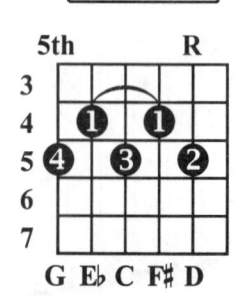

7♭9

A7♭9

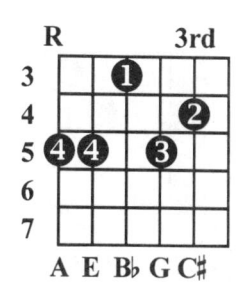

```
       R          3rd
3  |   | ① |   |   |
4  |   |   |   | ② |
5  | ④| ④|   | ③ |
6  |   |   |   |   |
7  |   |   |   |   |
   A  E  B♭ G  C#
```

E7♭9

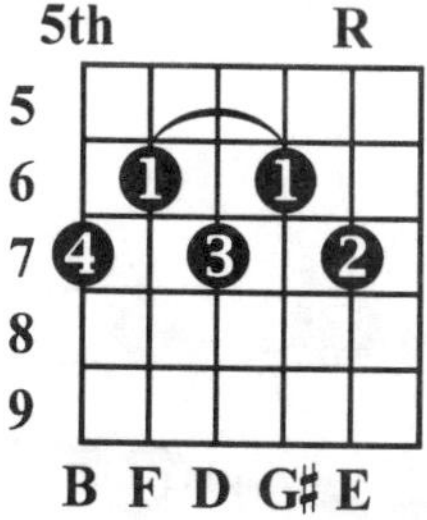

```
   5th         R
5  |   |   |   |   |   |
6  |   | ① |   | ① |   |
7  | ④| ③ |   |   | ② |
8  |   |   |   |   |   |
9  |   |   |   |   |   |
   B  F  D  G# E
```

B7♭9

```
   5th            R
1  |   | ① |   | ① |   |
2  | ④|   | ③ |   | ② |
3  |   |   |   |   |   |
4  |   |   |   |   |   |
5  |   |   |   |   |   |
   F# C  A  D# B
```

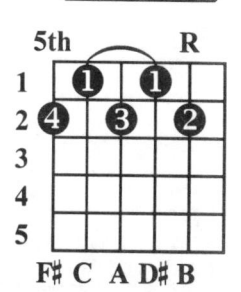

7♭9

G♭7♭9 / F♯7♭9

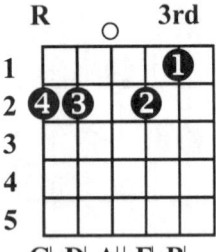

G♭ D♭ A♭♭ F♭ B♭

D♭7♭9

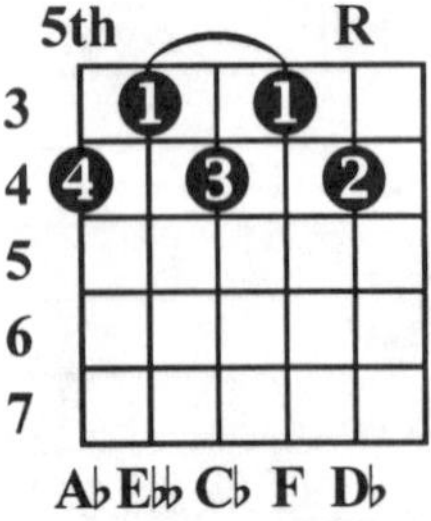

A♭ E♭♭ C♭ F D♭

A♭7♭9

A♭ E♭ B♭♭ G♭ C

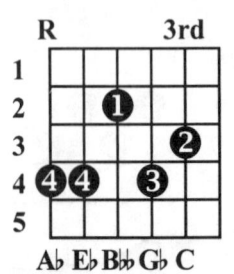

7♭9

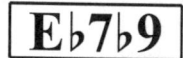

E♭7♭9

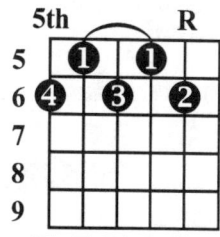

```
        5th        R
5    ① ①
6  ④  ③    ②
7
8
9
   B♭ F♭ D♭ G E♭
```

B♭7♭9

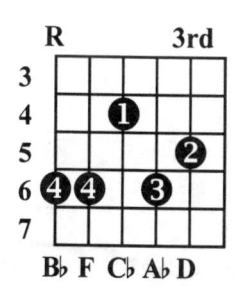

```
   R            3rd
3
4      ①
5           ②
6  ④ ④  ③
7
   B♭ F C♭ A♭ D
```

F7♭9

```
        5th        R
7    ① ①
8  ④  ③    ②
9
10
11
   C G♭ E♭ A F
```

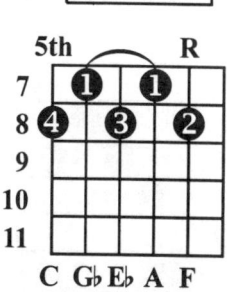

7#9

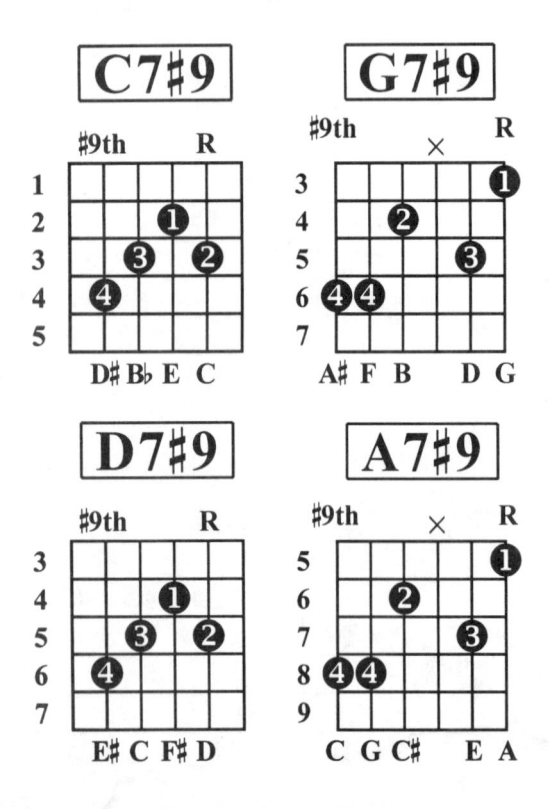

C7#9

#9th — R

D# Bb E C

G7#9

#9th — × — R

A# F B D G

D7#9

#9th — R

E# C F# D

A7#9

#9th — × — R

C G C# E A

7#9

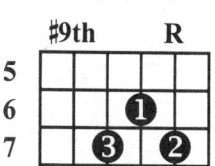

E7#9

#9th — R

F× D G# E

B7#9

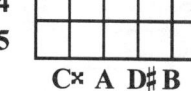

#9th — R

C× A D# B

Gb7#9 / F#7#9

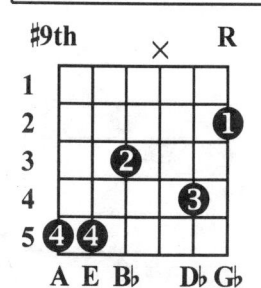

#9th — R

A E Bb Db Gb

Db7#9

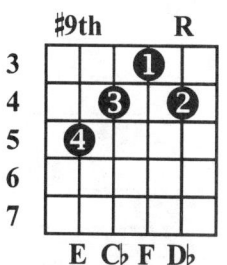

#9th — R

E Cb F Db

7#9

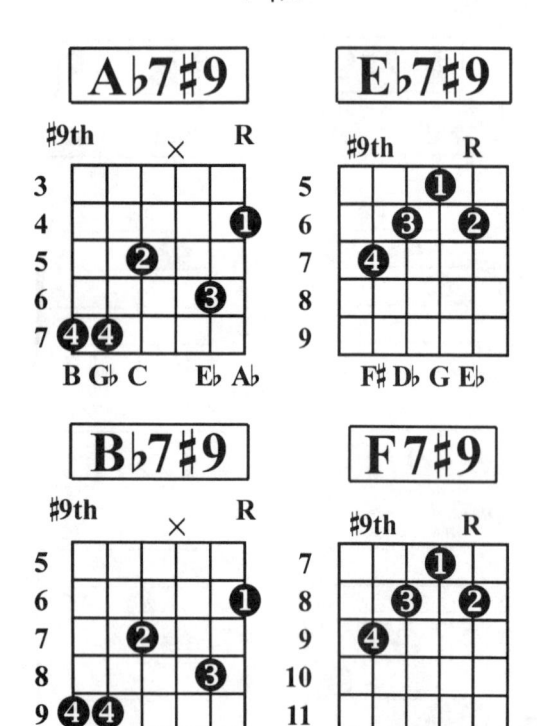

A♭7#9

#9th   ×   R

3					
4					①
5			②		
6				③	
7	④	④			

B G♭ C   E♭ A♭

E♭7#9

#9th   R

5				①	
6		③			②
7	④				
8					
9					

F# D♭ G E♭

B♭7#9

#9th   ×   R

5					
6					①
7			②		
8				③	
9	④	④			

C# A♭ D   F B♭

F7#9

#9th   R

7				①	
8		③			②
9	④				
10					
11					

G# E♭ A F

6/9

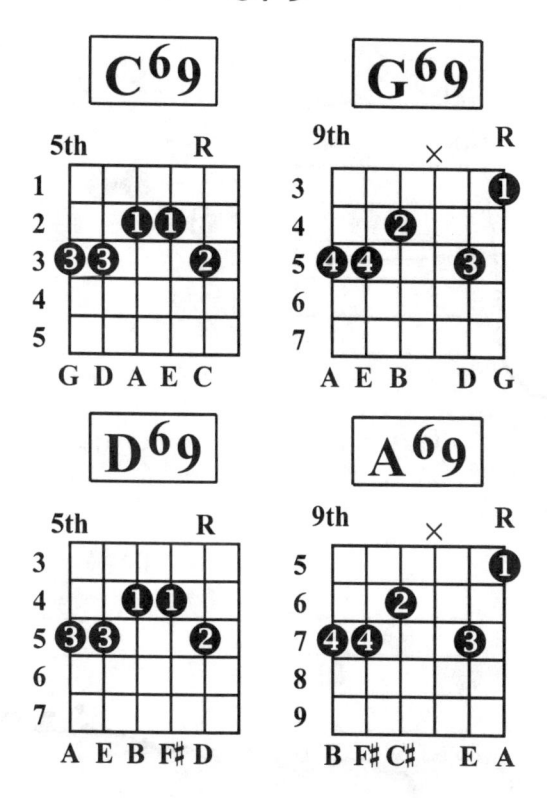

C⁶⁹

```
5th            R
1 | | | | |
2 | | ①①|
3 |③③| |②|
4 | | | | |
5 | | | | |
  G D A E C
```

G⁶⁹

```
9th     ×     R
3 | | | | |①
4 | |②| | |
5 |④④| |③|
6 | | | | |
7 | | | | |
  A E B   D G
```

D⁶⁹

```
5th            R
3 | | | | |
4 | | |①①|
5 |③③| |②|
6 | | | | |
7 | | | | |
  A E B F# D
```

A⁶⁹

```
9th     ×     R
5 | | | | |①
6 | |②| | |
7 |④④| |③|
8 | | | | |
9 | | | | |
  B F# C#  E A
```

6/9

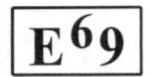

E⁶⁹

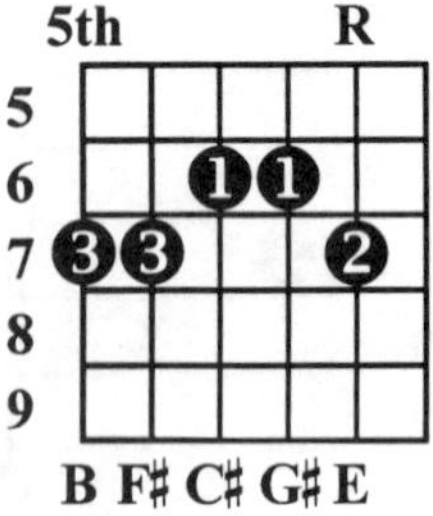

```
5th            R
5 | | | | | |
6 | | ❶ ❶ | |
7 | ❸ ❸ | ❷ |
8 | | | | | |
9 | | | | | |
  B F# C# G# E
```

B⁶⁹

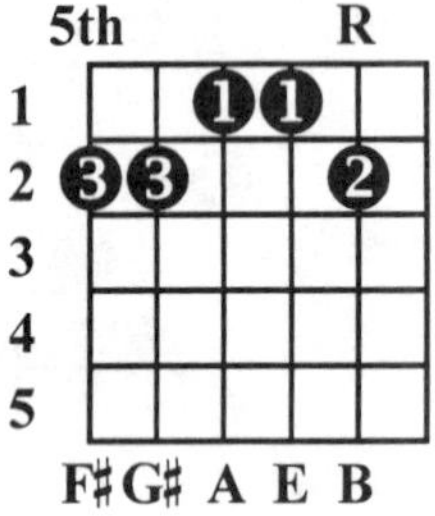

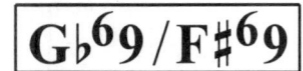

```
5th            R
1 | | ❶ ❶ | |
2 | ❸ ❸ | ❷ |
3 | | | | | |
4 | | | | | |
5 | | | | | |
  F# G# A E B
```

G♭⁶⁹ / F#⁶⁹

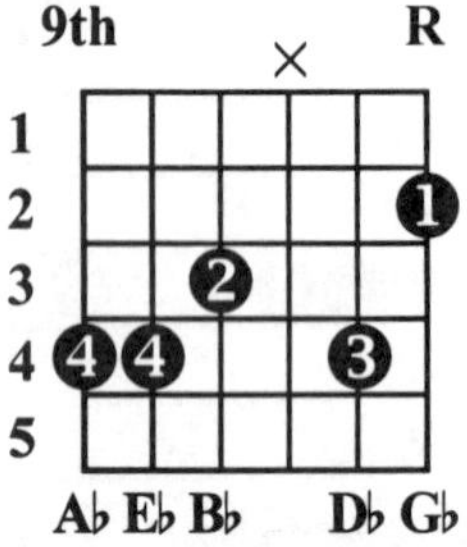

```
9th         ×    R
1 | | | | | | |
2 | | | | | ❶ |
3 | | ❷ | | | |
4 | ❹ ❹ | ❸ | |
5 | | | | | | |
  A♭ E♭ B♭   D♭ G♭
```

D♭⁶⁹

```
5th            R
3 | | ❶ ❶ | |
4 | ❸ ❸ | ❷ |
5 | | | | | |
6 | | | | | |
7 | | | | | |
  A♭ E♭ B♭ F D♭
```

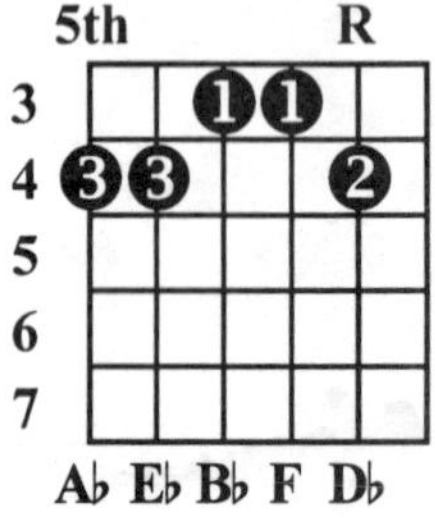

6/9

A♭69

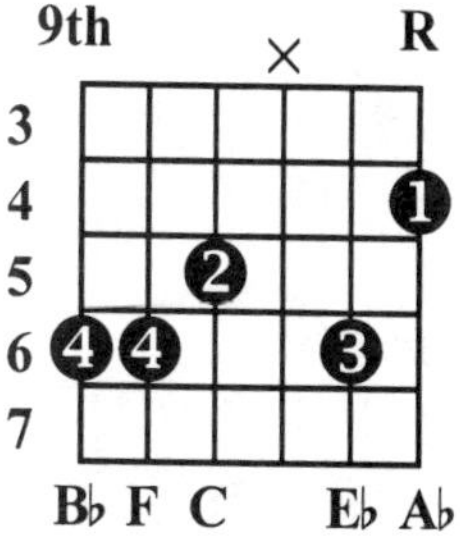

9th — R
```
B♭ F C  E♭ A♭
```

E♭69

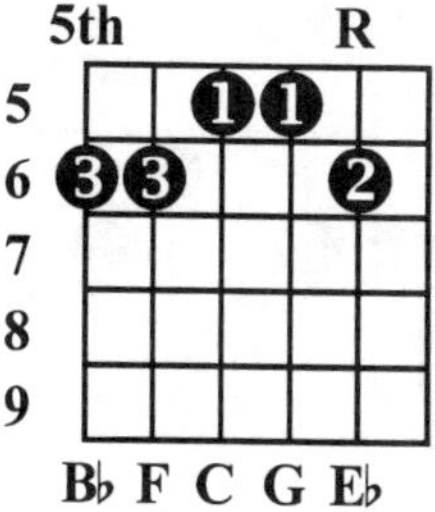

5th — R
```
B♭ F C G E♭
```

B♭69

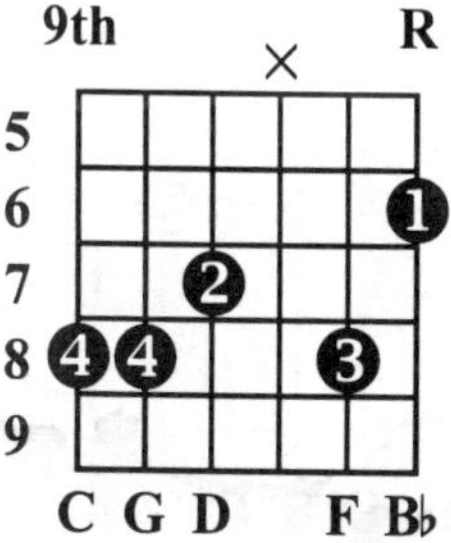

9th — R
```
C G D  F B♭
```

F69

9th — R
```
G D A  C F
```

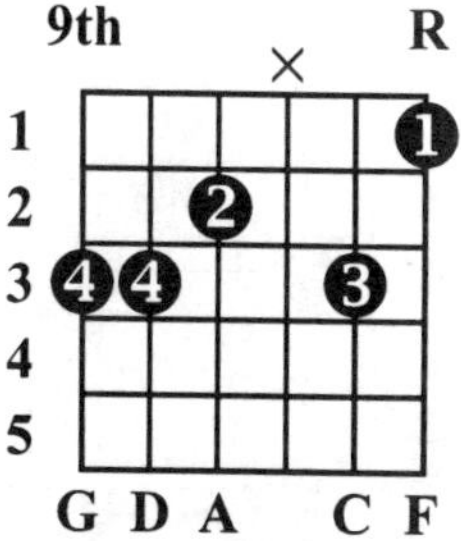

Major 9th

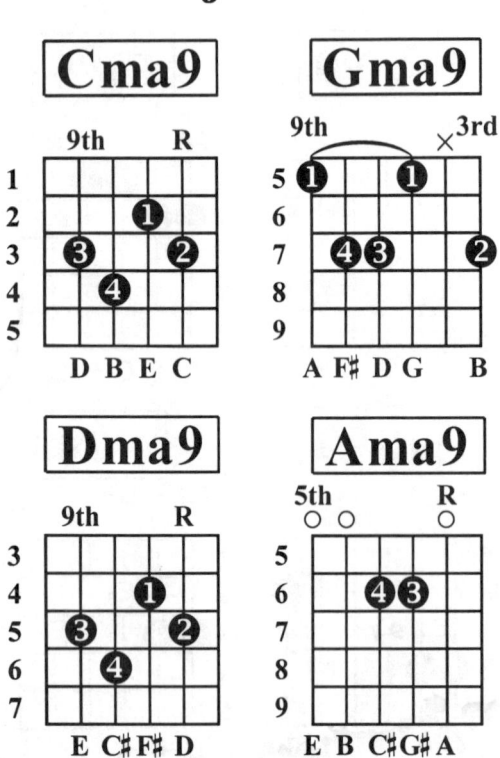

Cma9

9th — R

3rd fret: ● (1) E string
3rd fret: ● (3), ● (2)
4th fret: ● (4)

D B E C

Gma9

9th — 3rd ×

5th fret: ● (1), ● (1)
7th fret: ● (4) ● (3), ● (2)

A F# D G B

Dma9

9th — R

4th fret: ● (1)
5th fret: ● (3), ● (2)
6th fret: ● (4)

E C# F# D

Ama9

5th ○ ○   R ○

6th fret: ● (4) ● (3)

E B C# G# A

Major 9th

Ema9

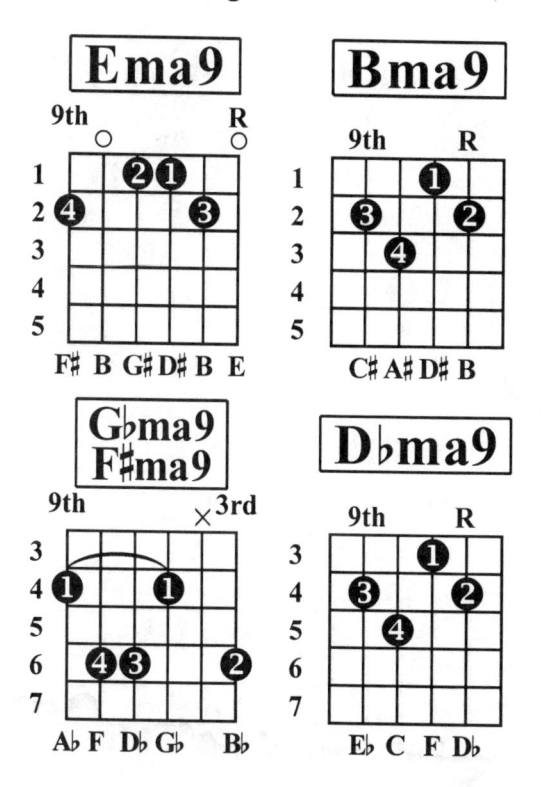

9th — R

F# B G# D# B E

Bma9

9th — R

C# A# D# B

Gbma9 / F#ma9

9th — ×3rd

Ab F Db Gb   Bb

Dbma9

9th — R

Eb C F Db

Major 9th

A♭ma9

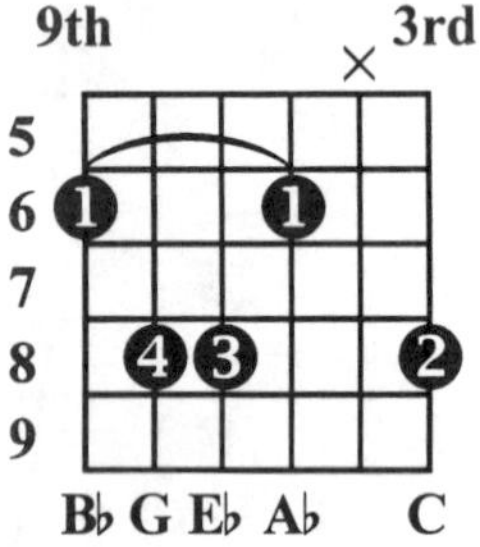

9th ... 3rd ×

B♭ G E♭ A♭ C

E♭ma9

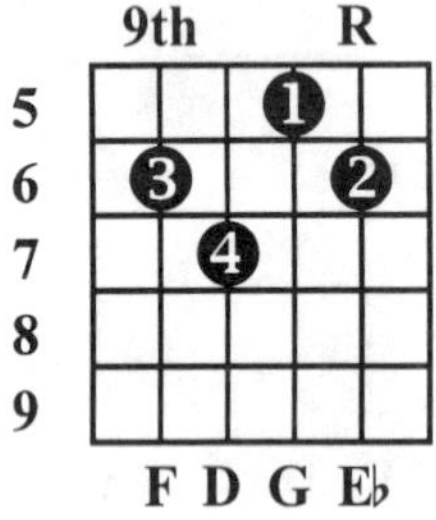

9th ... R

F D G E♭

B♭ma9

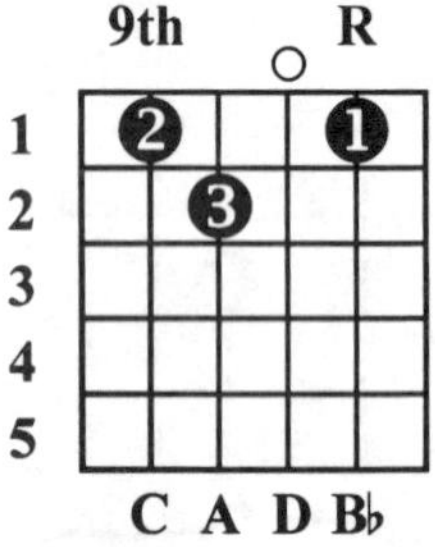

9th ... R ○

C A D B♭

Fma9

9th ... 3rd ×

G E C F A

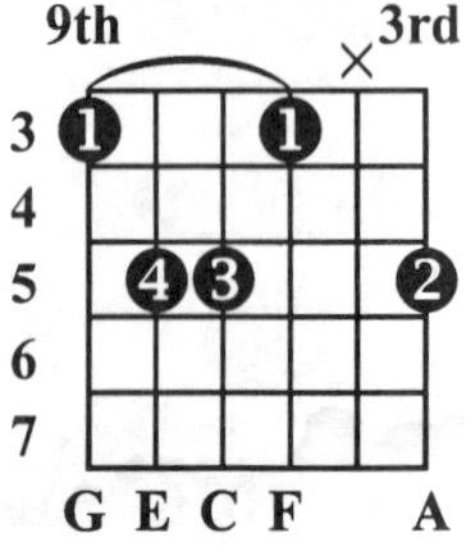

Minor 9th

Cm9
9th — R
- 1st fret: 1
- 3rd fret: 4, 3, 2
- Notes: D B♭ E♭ C

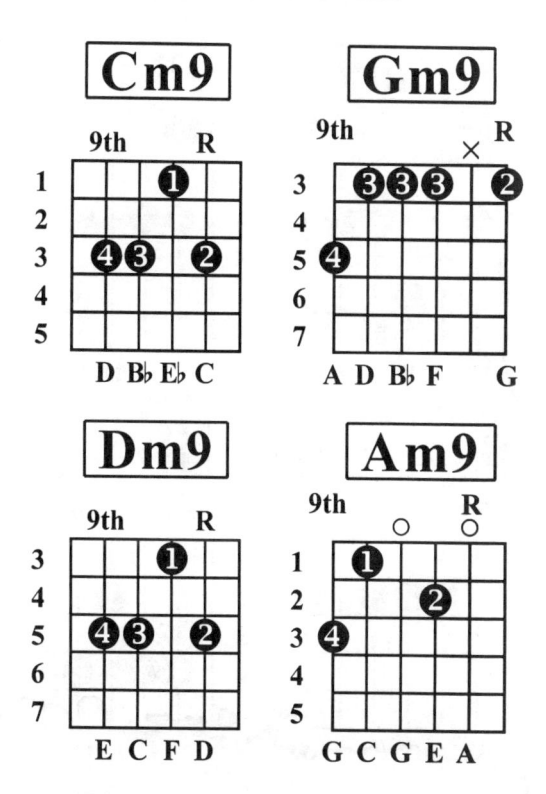

Gm9
9th — R
- 3rd fret: 3, 3, 3, 2 (× on 5th string)
- 5th fret: 4
- Notes: A D B♭ F G

Dm9
9th — R
- 3rd fret: 1
- 5th fret: 4, 3, 2
- Notes: E C F D

Am9
9th — R (open strings marked o)
- 1st fret: 1
- 2nd fret: 2
- 3rd fret: 4
- Notes: G C G E A

Minor 9th

Em9

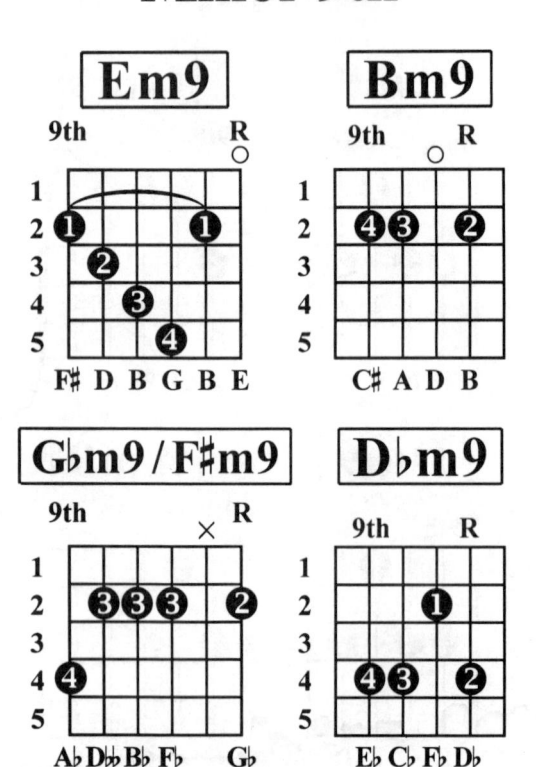

9th — R

Frets:
- 2: ① ①
- 3: ②
- 4: ③
- 5: ④

F# D B G B E

Bm9

9th — R

- 2: ④ ③ ②

C# A D B

G♭m9 / F#m9

9th — × R

- 2: ③ ③ ③ ②
- 4: ④

A♭ D♭♭ B♭ F♭   G♭

D♭m9

9th — R

- 2: ①
- 4: ④ ③ ②

E♭ C♭ F♭ D♭

Minor 9th

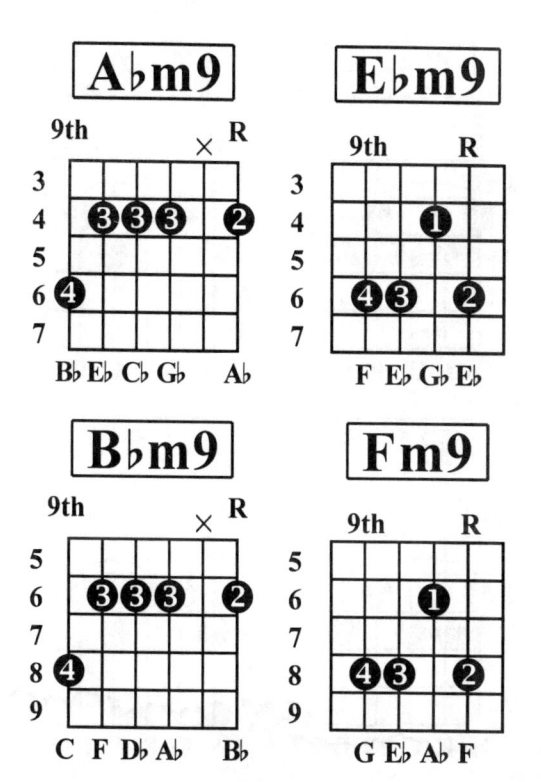

75

A♭m9

9th   × R

- 4th fret: 3, 3, 3, 2
- 6th fret: 4

B♭ E♭ C♭ G♭   A♭

E♭m9

9th   R

- 4th fret: 1
- 6th fret: 4, 3, 2

F E♭ G♭ E♭

B♭m9

9th   × R

- 6th fret: 3, 3, 3, 2
- 8th fret: 4

C F D♭ A♭   B♭

Fm9

9th   R

- 6th fret: 1
- 8th fret: 4, 3, 2

G E♭ A♭ F

9♭5

C9♭5

♭5th   R

G♭ D B♭ E C

G9♭5

R   3rd

G D♭ A F B

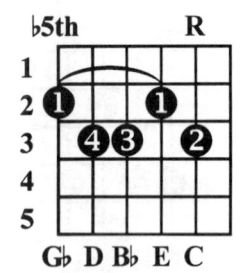

D9♭5

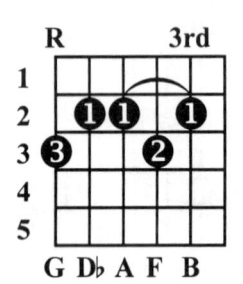

♭5th   R

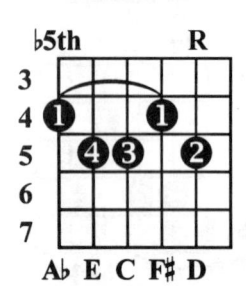

A♭ E C F♯ D

A9♭5

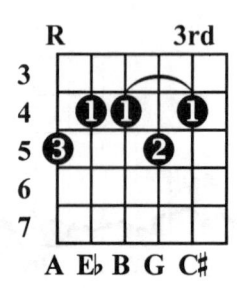

R   3rd

A E♭ B G C♯

9♭5

E9♭5

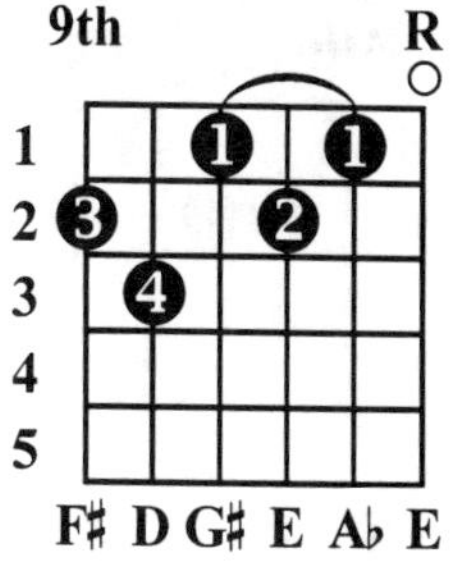

9th — R

Frets 1-5, fingers: 1 (row 1), 1 (row 1), 3 (row 2), 2 (row 2), 4 (row 3)

F♯ D G♯ E A♭ E

B9♭5

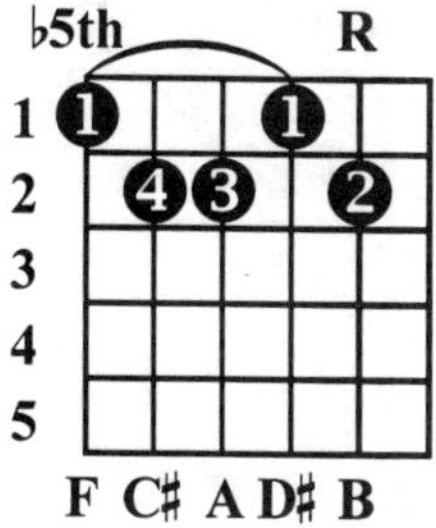

♭5th — R

1 (row 1), 1 (row 1), 4 (row 2), 3 (row 2), 2 (row 2)

F C♯ A D♯ B

G♭9♭5 / F♯9♭5

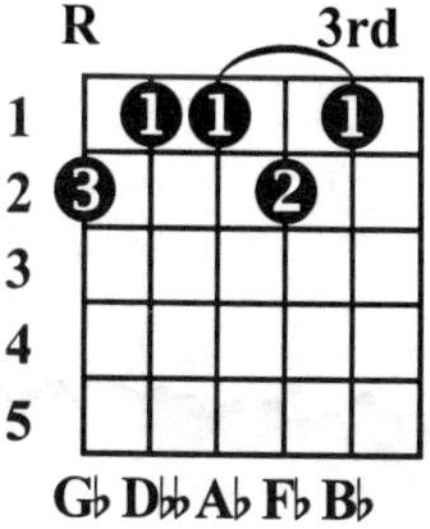

R — 3rd

1, 1, 1, 1 (row 1), 3 (row 2), 2 (row 2)

G♭ D𝄫 A♭ F♭ B♭

D♭9♭5

♭5th — R

1 (row 3), 1 (row 3), 4 (row 4), 3 (row 4), 2 (row 4)

A𝄫 E♭ C♭ F D♭

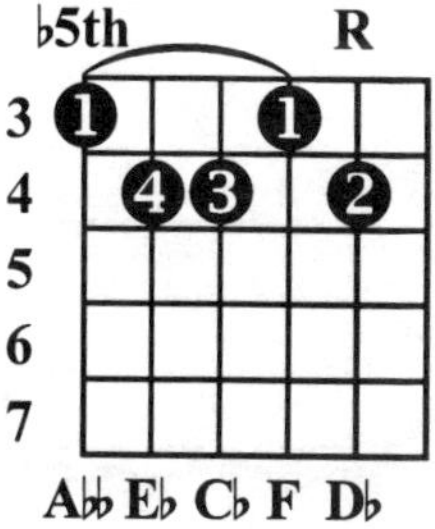

9♭5

A♭9♭5

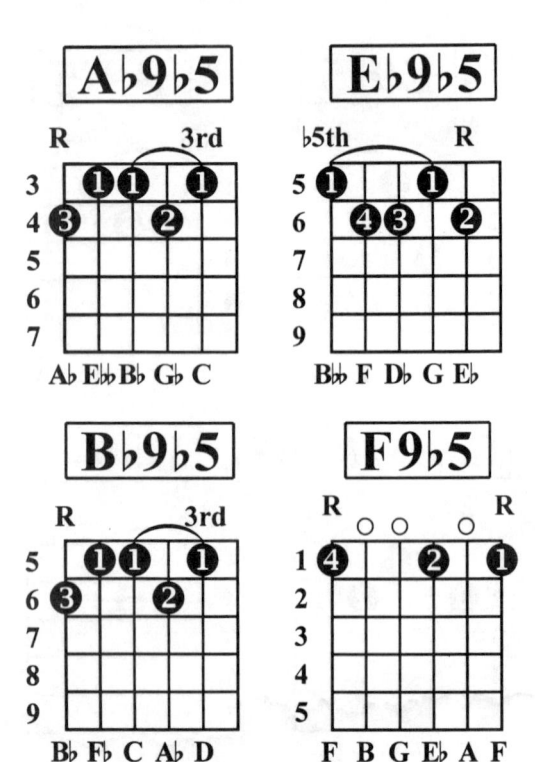

R — 3rd
3: 1 1 1
4: 3 2

A♭ E♭♭ B♭ G♭ C

E♭9♭5

♭5th — R
5: 1 1
6: 4 3 2

B♭♭ F D♭ G E♭

B♭9♭5

R — 3rd
5: 1 1 1
6: 3 2

B♭ F♭ C A♭ D

F9♭5

R ○ ○ ○ R
1: 4 2 1

F B G E♭ A F

9#5

C9#5

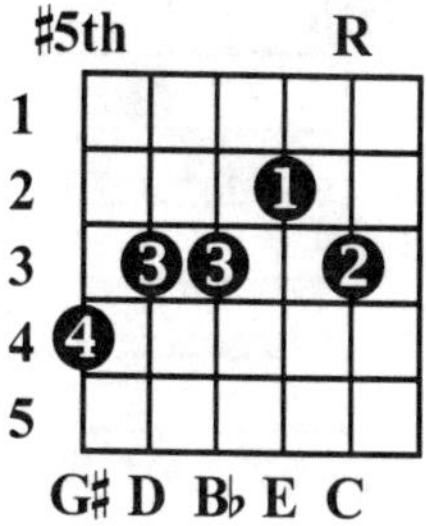

#5th — R

Frets: 1-5
- Fret 2: ① (string 3)
- Fret 3: ③ ③ (strings 5, 4), ② (string 2)
- Fret 4: ④ (string 6)

G# D Bb E C

G9#5

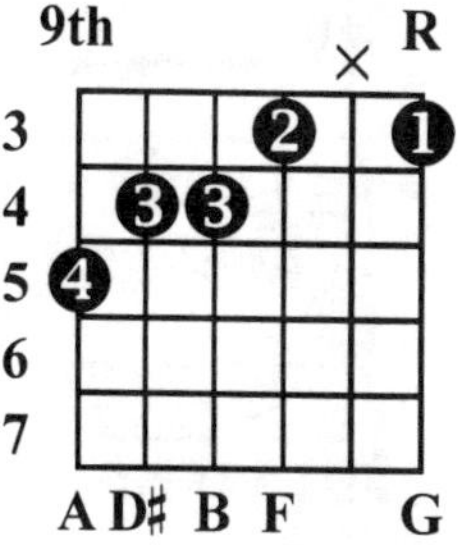

9th — R — ×

Frets: 3-7
- Fret 3: ② (string 3), ① (string 1)
- Fret 4: ③ ③ (strings 5, 4)
- Fret 5: ④ (string 6)

A D# B F G

D9#5

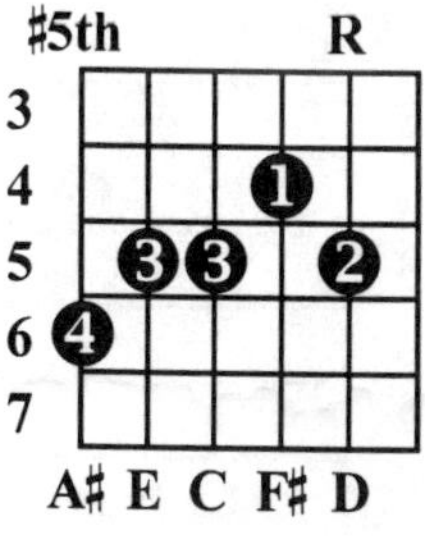

#5th — R

Frets: 3-7
- Fret 5: ① (string 3)
- Fret 5: ③ ③ (strings 5, 4), ② (string 2)...
- Fret 6: ④ (string 6)

A# E C F# D

A9#5

9th — R — ×

Frets: 5-9
- Fret 5: ② (string 3), ① (string 1)
- Fret 6: ③ ③ (strings 5, 4)
- Fret 7: ④ (string 6)

B E# C# G A

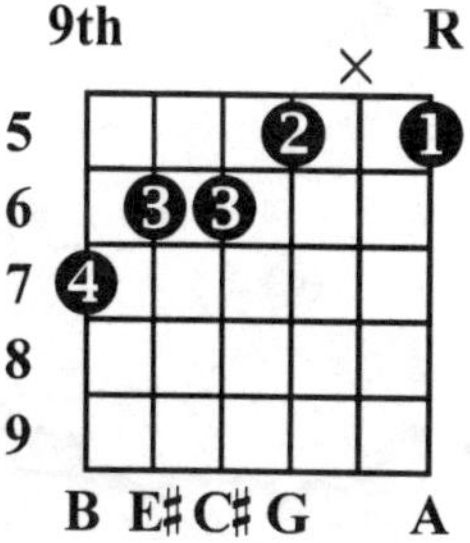

9♯5

E9♯5

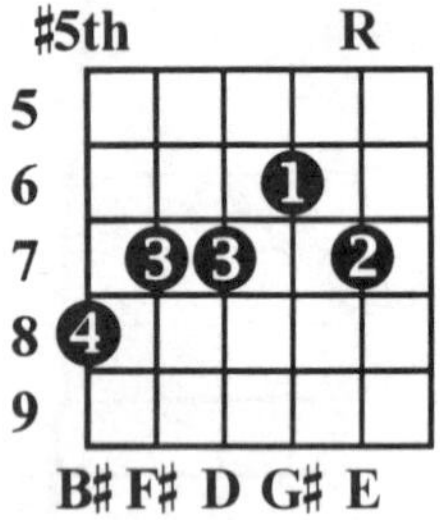

```
♯5th         R
5 | | | | |
6 | | ① | |
7 | ③ ③ | ② |
8 | ④ | | | |
9 | | | | |
   B♯ F♯ D G♯ E
```

B9♯5

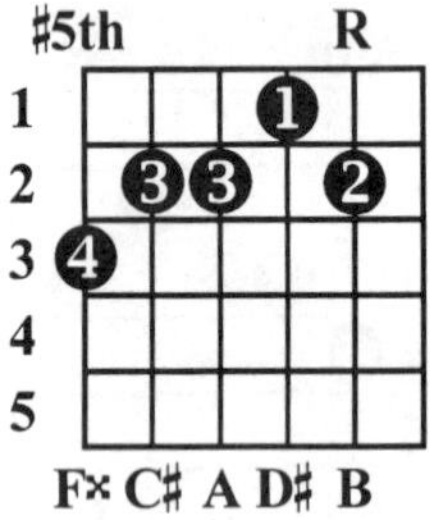

```
♯5th         R
1 | | | ① | |
2 | ③ ③ | ② |
3 | ④ | | | |
4 | | | | |
5 | | | | |
   F𝄪 C♯ A D♯ B
```

G♭9♯5 / F♯9♯5

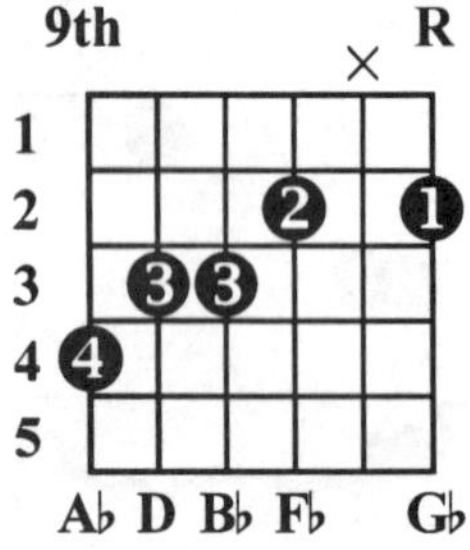

```
9th       × R
1 | | | | |
2 | | ② | ① |
3 | ③ ③ | | |
4 | ④ | | | |
5 | | | | |
   A♭ D B♭ F♭  G♭
```

D♭9♯5

```
♯5th         R
3 | | | ① | |
4 | ③ ③ | ② |
5 | ④ | | | |
6 | | | | |
7 | | | | |
   A E♭ C♭ F D♭
```

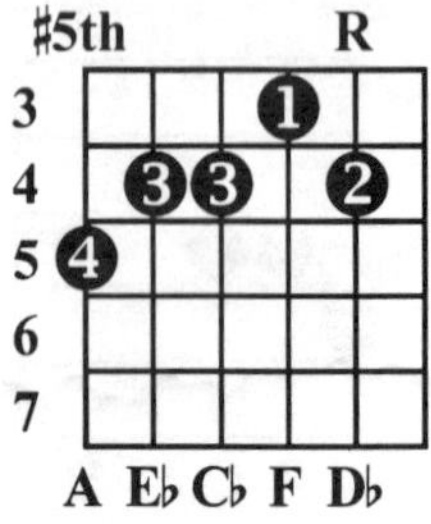

9#5

A♭9#5

9th — × R

3						
4				❷	❶
5			❸❸		
6	❹				
7					

B♭ E C G♭   A♭

E♭9#5

#5th — R

5			❶		
6	❸❸			❷	
7	❹				
8					
9					

B F D♭ G E♭

B♭9#5

#5th — ○ R

5	❸❷		❶		
6	❹				
7					
8					
9					

F# C A♭ D B♭

F9#5

9th — × R

1			❷		❶
2	❸❸				
3	❹				
4					
5					

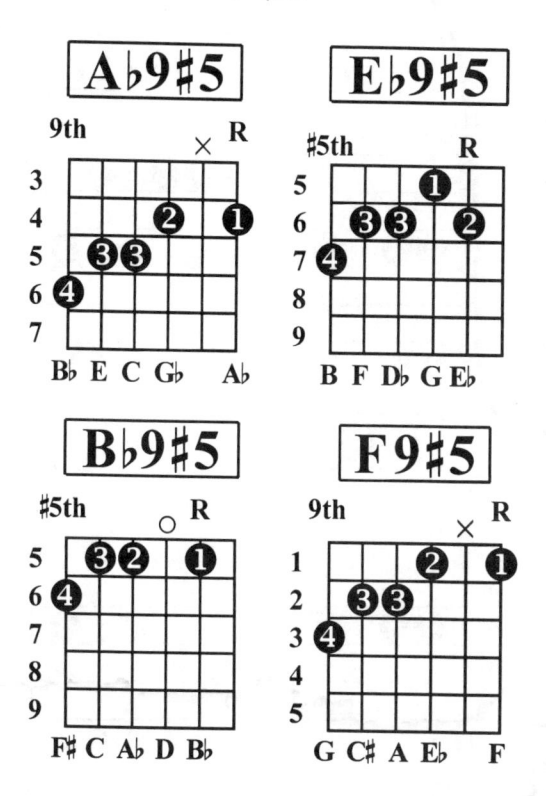

G C# A E♭ F

Eleventh

C11

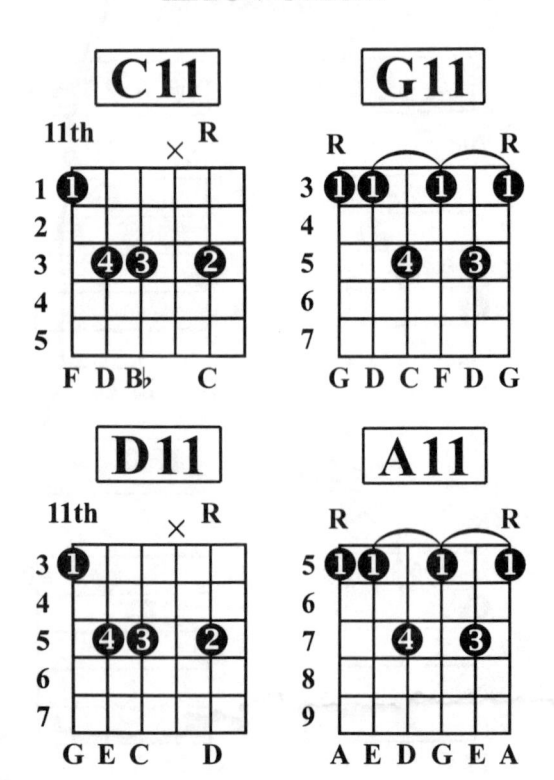

11th — × R

Fret 1: ①
Fret 3: ④ ③ ②

F D B♭ C

G11

R — R

Fret 3: ① ① ① ①
Fret 5: ④ ③

G D C F D G

D11

11th — × R

Fret 3: ①
Fret 5: ④ ③ ②

G E C D

A11

R — R

Fret 5: ① ① ① ①
Fret 7: ④ ③

A E D G E A

Eleventh

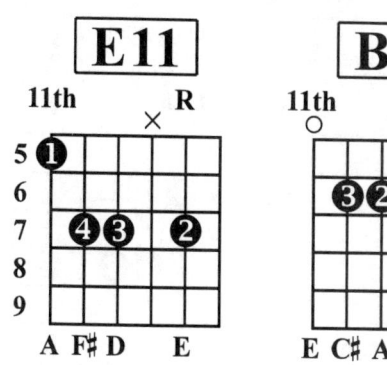

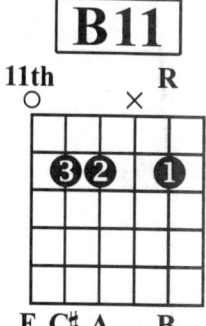

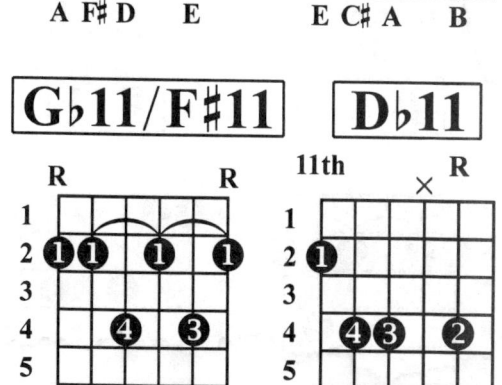

83

E11

11th — R
- 5th fret: ● (1) on 6th string
- 7th fret: ● (4), ● (3), ● (2)
- × on 2nd string

A F# D E

B11

11th — R
- O (open) on 6th string
- 6th fret: ● (3), ● (2), ● (1)
- × on 2nd string

E C# A B

Gb11/F#11

R — R
- 2nd fret: ● (1), ● (1), ● (1), ● (1)
- 4th fret: ● (4), ● (3)

Gb Db Cb Fb Db Gb

Db11

11th — R
- 2nd fret: ● (1)
- 4th fret: ● (4), ● (3), ● (2)
- × on 2nd string

Gb Eb Cb Db

Eleventh

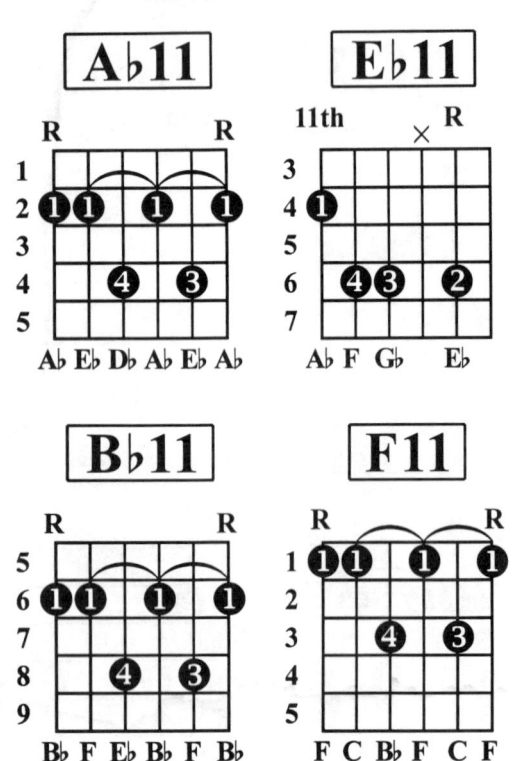

A♭11

R				R	
1					
2	① ①		①		①
3					
4		④		③	
5					

A♭ E♭ D♭ A♭ E♭ A♭

E♭11

11th   ×   R

3					
4	①				
5					
6		④ ③		②	
7					

A♭ F G♭   E♭

B♭11

R				R	
5					
6	① ①		①		①
7					
8		④		③	
9					

B♭ F E♭ B♭ F B♭

F11

R				R	
1	① ①		①		①
2					
3		④		③	
4					
5					

F C B♭ F C F

Augmented 11

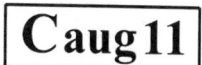

Caug11
#11th — R
- 1st fret: barre
- 2nd fret: 1, 1
- 3rd fret: 4, 3, 2

F# D Bb E C

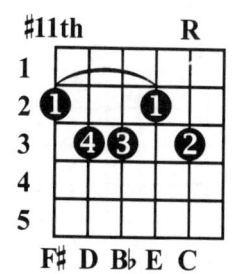

Gaug11
9th — 3rd ×
- 5th fret: 1, 1
- 6th fret: 3, 2
- 7th fret: 4

A F C# G B

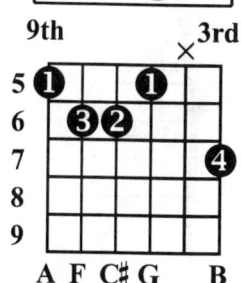

Daug11
#11th — R
- 3rd fret: barre
- 4th fret: 1, 1
- 5th fret: 4, 3, 2

G# E C F# D

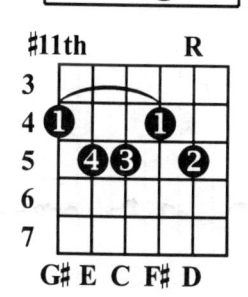

Aaug11
9th — 3rd ×
- 7th fret: 1, 1
- 8th fret: 3, 2
- 9th fret: 4

B G D# A C#

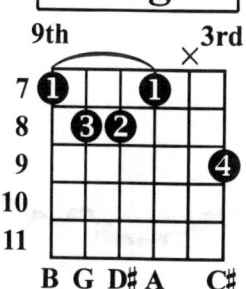

Augmented 11

Eaug11

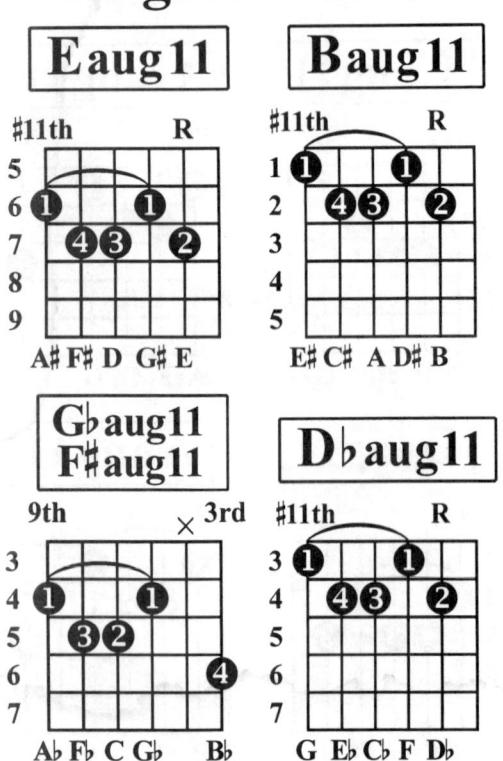

#11th — R
Frets 5–9
A# F# D G# E

Baug11

#11th — R
Frets 1–5
E# C# A D# B

G♭aug11 / F#aug11

9th — ×3rd
Frets 3–7
A♭ F♭ C G♭ — B♭

D♭aug11

#11th — R
Frets 3–7
G E♭ C♭ F D♭

Augmented 11

A♭aug11

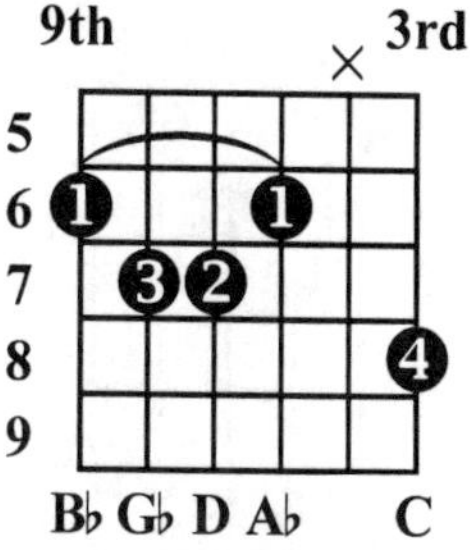

9th — 3rd
×
Frets 5–9
Fret 6: 1, 1
Fret 7: 3, 2
Fret 8: 4
B♭ G♭ D A♭ C

E♭aug11

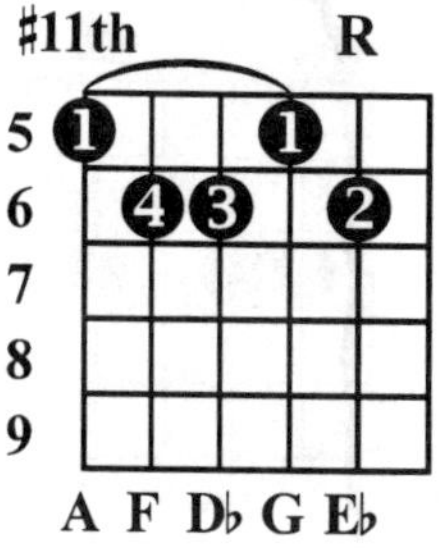

#11th — R
Frets 5–9
Fret 5: 1, 1
Fret 6: 4, 3, 2
A F D♭ G E♭

B♭aug11

#11th — R
○   ○
Frets 1–5
Fret 1: 3, 2, 1
F C A♭ D B♭

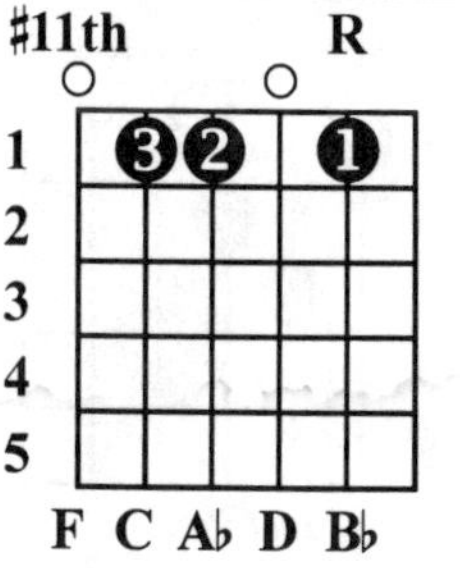

Faug11

#11th — R
Frets 7–11
Fret 7: 1, 1
Fret 8: 4, 3, 2
B G E♭ A F

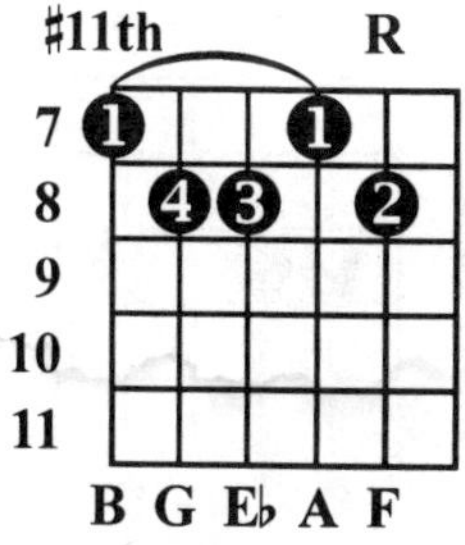

Thirteenth

C13

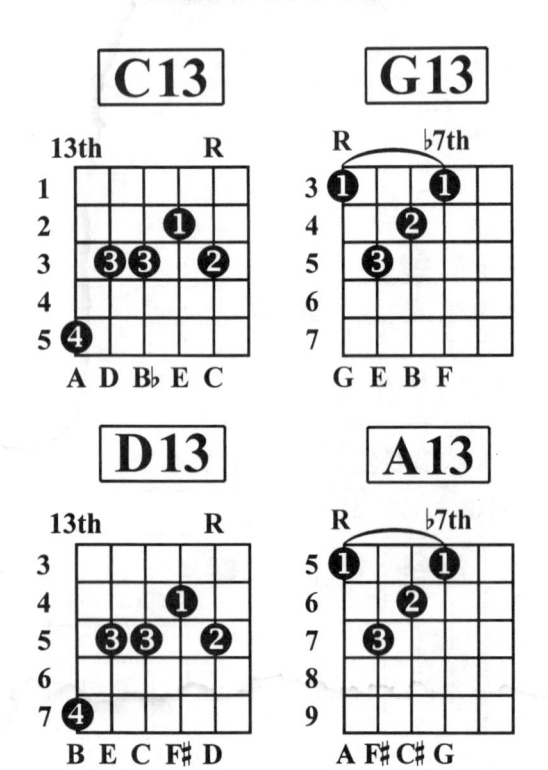

13th — R
- 1
- 2: ①
- 3: ③ ③ ②
- 4
- 5: ④

A D B♭ E C

G13

R — ♭7th
- 3: ① ①
- 4: ②
- 5: ③
- 6
- 7

G E B F

D13

13th — R
- 3
- 4: ①
- 5: ③ ③ ②
- 6
- 7: ④

B E C F# D

A13

R — ♭7th
- 5: ① ①
- 6: ②
- 7: ③
- 8
- 9

A F# C# G

Thirteenth

E13

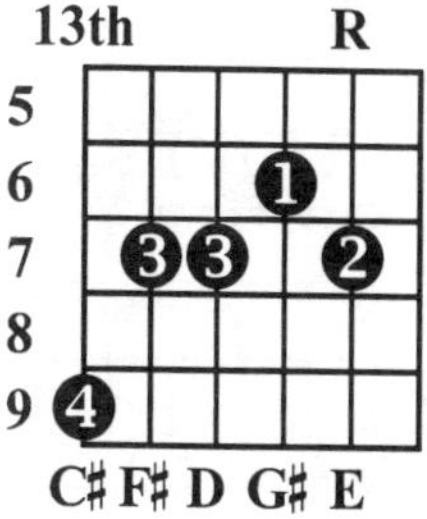

```
    13th        R
5 |   |   |   |   |   |
6 |   |   |   | ① |   |
7 | ③ | ③ |   |   | ② |
8 |   |   |   |   |   |
9 | ④ |   |   |   |   |
   C# F# D  G#  E
```

B13

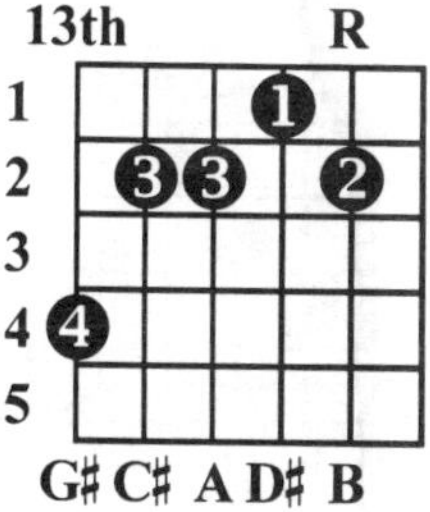

```
    13th        R
1 |   |   |   | ① |   |
2 |   | ③ | ③ |   | ② |
3 |   |   |   |   |   |
4 | ④ |   |   |   |   |
5 |   |   |   |   |   |
   G# C# A  D#  B
```

Gb13/F#13

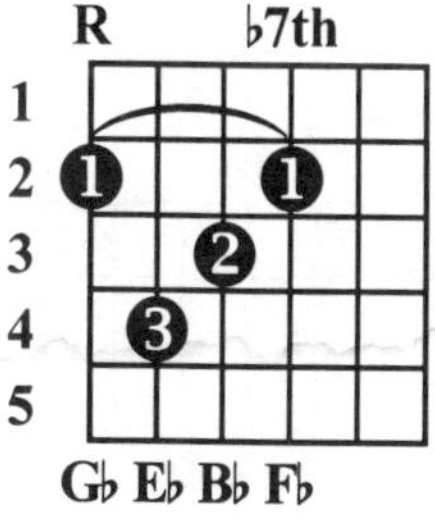

```
    R          b7th
1 |   |   |   |   |   |
2 | ① |———————| ① |   |
3 |   |   | ② |   |   |
4 |   | ③ |   |   |   |
5 |   |   |   |   |   |
   Gb Eb Bb Fb
```

Db13

```
    13th        R
3 |   |   |   | ① |   |
4 |   | ③ | ③ |   | ② |
5 |   |   |   |   |   |
6 | ④ |   |   |   |   |
7 |   |   |   |   |   |
   Bb Eb Cb F  Db
```

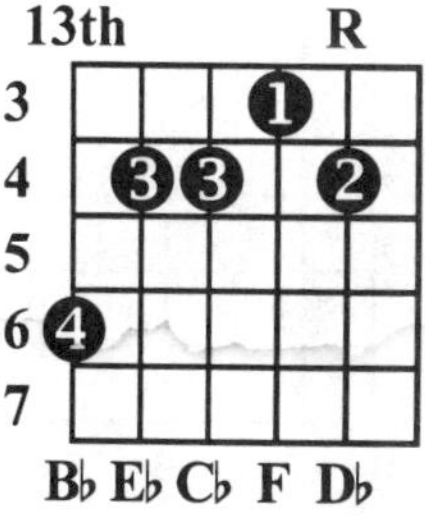

Thirteenth

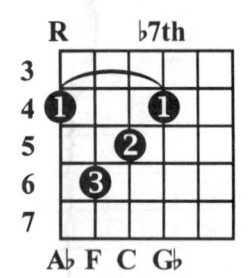

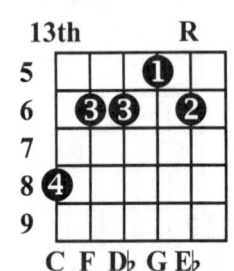

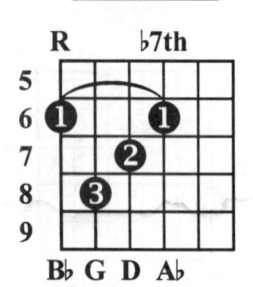

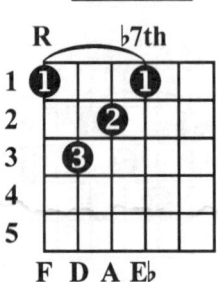

A♭13

R ♭7th

A♭ F C G♭

E♭13

13th R

C F D♭ G E♭

B♭13

R ♭7th

B♭ G D A♭

F13

R ♭7th

F D A E♭

13♭9

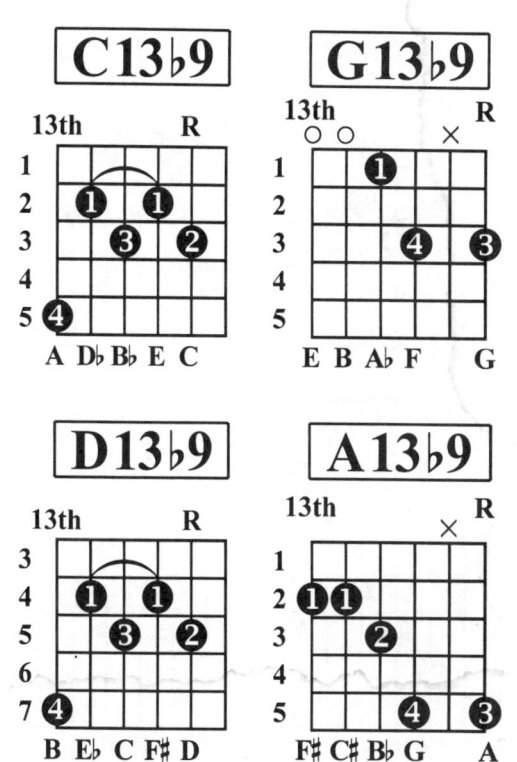

C13♭9
13th — R
Frets 2-2-3-3-5
A D♭ B♭ E C

G13♭9
13th — R
E B A♭ F — G

D13♭9
13th — R
B E♭ C F# D

A13♭9
13th — R
F# C# B♭ G — A

13♭9

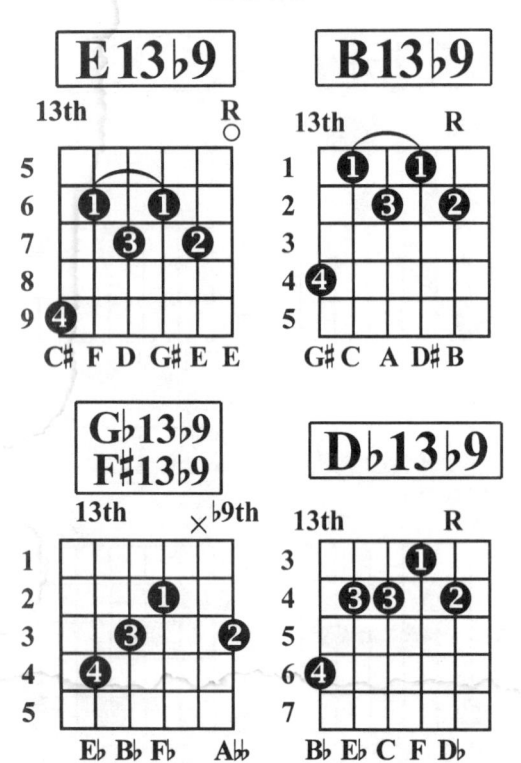

E13♭9
13th — R

C# F D G# E E

B13♭9
13th — R

G# C A D# B

G♭13♭9 / F#13♭9
13th — ×♭9th

E♭ B♭ F♭ A♭♭

D♭13♭9
13th — R

B♭ E♭ C F D♭

13♭9

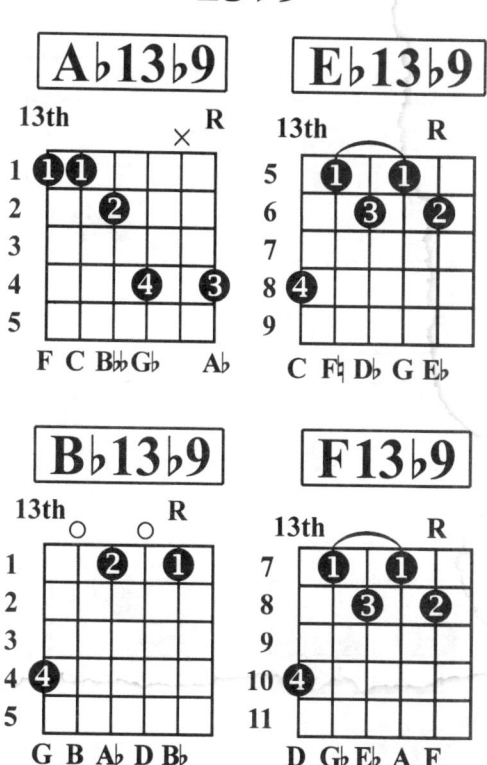

A♭13♭9

13th — R

F C B♭♭ G♭ × A♭

E♭13♭9

13th — R

C F♮ D♭ G E♭

B♭13♭9

13th — R

G B A♭ D B♭

F13♭9

13th — R

D G♭ E♭ A F

Major 13

Cma13

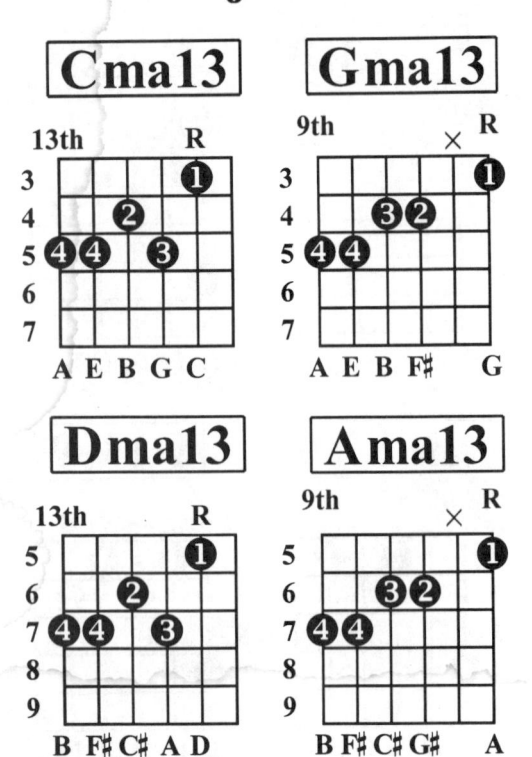

13th — R
- 3: ① (R)
- 4: ②
- 5: ④ ④ ③
- A E B G C

Gma13

9th — R
- ×
- 3: ① (R)
- 4: ③ ②
- 5: ④ ④
- A E B F# G

Dma13

13th — R
- 5: ① (R)
- 6: ②
- 7: ④ ④ ③
- B F# C# A D

Ama13

9th — R
- ×
- 5: ① (R)
- 6: ③ ②
- 7: ④ ④
- B F# C# G# A

Major 13

Ema13
9th — R
① ① (frets 1)
④ ③ ② (fret 2)
F# C# G# D# B E

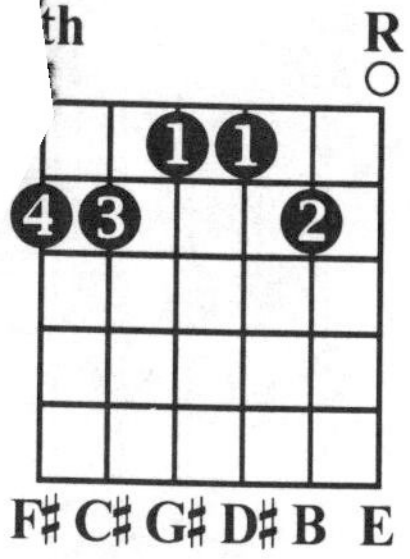

Bma13
13th — R
① (fret 2)
② (fret 3)
④ ④ ③ (fret 4)
G# D# A# F# B

Gbma13 / F#ma13
9th — R ×
① (fret 2)
③ ② (fret 3)
④ ④ (fret 4)
Ab Eb Bb F Gb

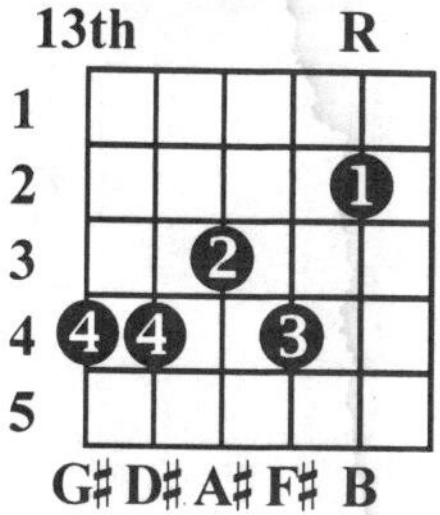

Dbma13
13th — R
① (fret 4)
② (fret 5)
④ ④ ③ (fret 6)
Bb F Cb Ab Db

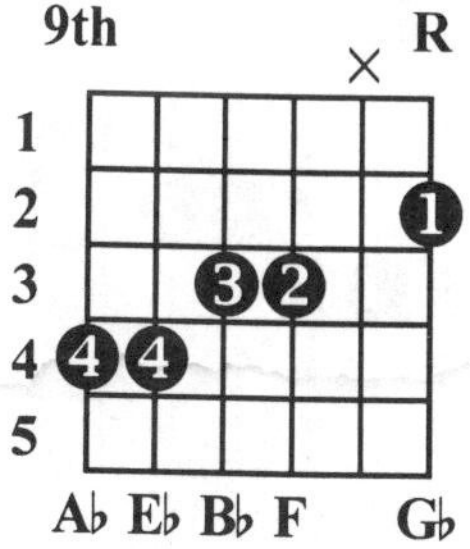

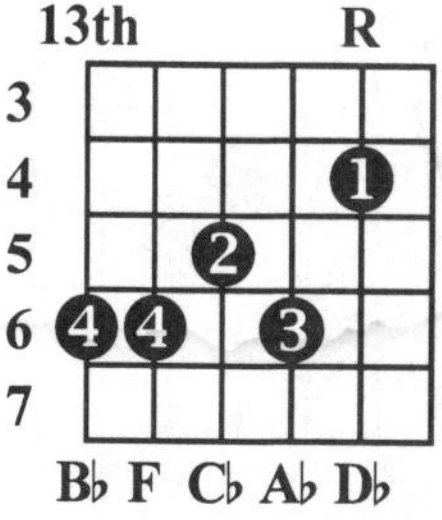

Major 13

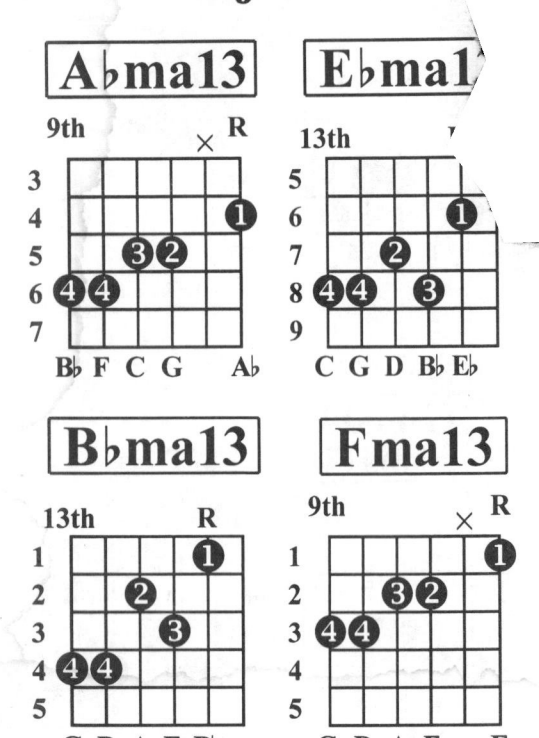

A♭ma13

9th · R

Frets 3–7
- Fret 4: 1 (R, A♭)
- Fret 5: 3, 2
- Fret 6: 4, 4

B♭ F C G × A♭

E♭ma13

13th

Frets 5–9
- Fret 6: 1
- Fret 7: 2
- Fret 8: 4, 4, 3

C G D B♭ E♭

B♭ma13

13th · R

Frets 1–5
- Fret 1: 1
- Fret 2: 2
- Fret 3: 3
- Fret 4: 4, 4

G D A F B♭

Fma13

9th · R

Frets 1–5
- Fret 1: 1
- Fret 2: 3, 2
- Fret 3: 4, 4

G D A E × F